Der Große Reset

Der Plan für die Welt nach Corona

Harrie Salman

Der Große Reset

Der Plan für die Welt nach Corona

EDITION IMMANENTE

Die Originalausgabe dieses Buches erschien in holländischer Sprache
Februar 2021 im Nearchus Verlag, Assen/Niederlande:
Harrie Salman
De Grote Reset - Het plan voor de wereld na Corona

Die deutsche Übersetzung der
vorliegenden Ausgabe stammt von Harrie Salman.

1. Auflage

Satz und Umschlaggestaltung: Ulja Novatschkova
unter Verwendung eines Bildes von Gordon Johnson

Druck und Bindung: CPI - Clausen & Bosse, Leck

ISBN: 978-3-942754-68-2

www.edition-immanente.de

Motto

Angst frisst die Seele auf

In Bulgarien wird die Geschichte von einem König erzählt, der zu seiner Hauptstadt reiste. Unterwegs nahm er auf seinem Pferd eine alte Frau mit, die auch dorthin wollte. Auf seine Frage, warum sie auch zu der Stadt ging, antwortete sie, sie sei die Pest und solle dort 300 Menschen holen. Es starben jedoch an der Seuche 1000 Menschen. Der König ließ die Frau suchen und fragte sie, warum sie mehr Menschen mitgenommen hatte. Sie erwiderte, dass die 700 anderen Menschen aus Angst vor der Pest gestorben seien.

Inhalt

Vorwort
zur deutschen Ausgabe

Leben in einer künstlichen Welt

Seit einem Jahr leben wir in einer Welt mit neuen Trennungslinien, die quer durch Familien, Freundeskreise und andere Gruppierungen verlaufen. Die polarisierende Frage ist, wie wir zur Corona-Politik der Regierung stehen. Weitere Fragen sind: Ist diese Politik für die Gesellschaft sinnvoll? Verbergen sich dahinter bestimmte Interessen? Hat sie eine wissenschaftliche Grundlage? Wer sich über diese Fragen ein unabhängiges Urteil bilden möchte, läuft dabei Gefahr, in der Öffentlichkeit in eine extrem-rechte politische Ecke geschoben zu werden.

Dieses Buch will zu einer vernünftigen Diskussion beitragen, in der wir uns auf Fakten beziehen, die jeder finden kann, und möchte den größeren Rahmen der umwälzenden Transformation verstehen, in der wir uns gerade befinden. Durch die öffentliche Wirksamkeit von Klaus Schwab und seinem Weltwirtschaftsforum kennen wir diese Transformation als den »Großen Reset«. Es geht hier um eine weltweite Kampagne für eine neue technologische Revolution, die von den großen internationalen Unternehmen durchgeführt wird. Diese Revolution stößt bei vielen Menschen auf Widerstände, weil sie uns in vielen Lebensbereichen noch weiter von der natürlichen Welt und von der unmittelbaren Beziehung zu unseren Mitmenschen trennt. Hier stehen die Fragen, wie wir mit der Technik leben wollen und wie wir unsere Beziehungen mit anderen gestalten wollen, im Mittelpunkt.

Der politische Aspekt dieser großen Transformation ist der Verlust der regionalen und nationalen Autonomie. Die moderne Wirtschaft hat die Welt globalisiert und Verhältnisse geschaffen, die auf einer übernationalen Ebene von mächtigen Interessengruppen bestimmt werden. Einzelne Staaten haben darauf keinen Einfluss mehr und auch die demokratische Stimme der Bevölkerung ist in vieler Hinsicht bedeutungslos geworden. Entscheidungen über Angelegenheiten, die für alle wichtig sind, werden von Technokraten getroffen, die von internationalen Lobbygruppen gesteuert werden. So werden wir in eine Welt ohne Bargeld geführt, eine Welt mit 5G, Autos ohne Fahrer, genetischer Manipulation und einer allgegenwärtigen Kameraüberwachung mit Gesichtsidentifizierung. In der politischen Diskussion stehen Menschen, die die Gestaltung der Zukunft den internationalen Interessengruppen überlassen wollen, Menschen gegenüber, die den Bürgern in der Einrichtung unserer Gesellschaft die entscheidende demokratische Stimme geben wollen.

Die technologische Revolution wird angetrieben durch eine Wissenschaft und eine Technik, die unsere Welt beherrschen und verbessern wollen. Sie werden nicht von einem moralischen Bewusstsein in Schranken gehalten. Die Wissenschaft erforscht nur die materiellen Aspekte der Wirklichkeit. Ihre Finanzierung wird immer mehr von wirtschaftlichen Interessen bestimmt. Unabhängige Forschung, in der Grundfragen des wissenschaftlichen Weltbildes thematisiert werden, ist jedoch notwendig. Was in der Wissenschaft stattfindet, geschieht auch in anderen Bereichen der Kultur. Die selbständige Meinungsbildung wird nicht gefördert. Die öffentliche Meinung wird von großen Medienkonzernen gesteuert, aber es gibt Menschen, die sich in den Grundfragen unseres Daseins nicht davon beirren lassen.

Eine dieser Grundfragen betrifft die menschliche Gesundheit. In der Corona-Zeit wurde sichtbar, wie durch die WELTGESUNDHEITSORGANISATION (WHO) nach einer langen Vorbereitung weltweit ein neues Gesundheitsmanagement durchgeführt wurde. Als ein Bestandteil des Großen Resets wird dadurch bestimmt, wie Staaten mit Epidemien umgehen sollen. Dafür wurden einige Definitionen im Krankheitsbereich verändert. Schon 2009 hatte die WHO die Definition einer Pandemie überarbeitet, so dass eine Infektionskrankheit, die sich in mehreren Ländern in mindestens zwei WHO-Regionen ausbreitet, bereits als Pandemie bezeichnet wird.[1] Ein Hinweis auf die Schwere und Tödlichkeit der Erkrankung war außerdem nicht mehr notwendig. Im Jahre 2020 wurde ein Krankheitsfall (eine Infektion), der vorher durch eine ärztliche Diagnose festgestellt wurde, umdefiniert als ein Fall, der durch einen positiven PCR-Test bestimmt wird, obwohl dieser Test dafür gar nicht geeignet ist. Und seit Anfang 2021 heißt Herdenimmunität (die Immunität einer Bevölkerung) für die WHO nicht mehr die Immunität, die durch das Durchmachen einer Infektionskrankheit entsteht, sondern die durch Impfung erreichte kollektive Immunität.

Als die Corona-Epidemie begann, wurde gar nicht mit der natürlichen Immunität gerechnet. Die mit der WHO verbundenen Virologen meinten, dass jeder potenziell für das Virus anfällig und damit gefährlich für andere sei, auch gesunde Menschen. Alle sollten sich schützen, durch einen Lockdown eingesperrt werden und bräuchten eine Impfung, und zwar eine neue Art von Impfung, die noch gar nicht richtig getestet war. In den meisten Ländern trafen die Regierungen die schlimmsten Maßnahmen, um zu verhindern

[1] In diesem Buch wird das gängige Wort ›Epidemie‹ gebraucht, weil das Wort ›Pandemie‹ für weltweite, sehr tödliche Epidemien wie die Spanische Grippe von 1918/19 vorbehalten bleiben soll.

dass die Krankenhäuser mit ihrer Unterkapazität zu wenig Betten für die Kranken haben würden. Es ging der WHO um die Durchsetzung einer neuen Impftechnologie, damit neue Viren schnell bekämpft werden können und Krankenhäuser bei Epidemien nicht mehr überfüllt werden. Die Angst vor dem Coronavirus, die geschürt wurde, ist entscheidend, um diese neue Technologie durchzuführen und die große Mehrheit der Bevölkerung zu impfen.

Das Paradoxale des »Krieges« gegen den Coronavirus ist, dass alle Maßnahmen der natürlichen Immunität schaden. Viele Menschen pflegen jedoch einen gesunden Lebensstil und verfügen über eine gute natürliche Immunität. Sie haben keine Angst. Das wissenschaftliche Weltbild der Virologie, das Viren als eine Gefahr betrachtet und die natürliche Immunität durch eine künstliche Immunität mittels Impfungen ersetzen will, stimmt für sie nicht. Unabhängige Forscher teilen diese Auffassung. Das Experimentieren mit der menschlichen Immunität hat gefährliche Folgen, die von den Pharmakonzernen ignoriert werden. Es ist klar, dass mit dem Impfgeschäft riesige Gewinne verbunden sind, wie mit den chemischen Mitteln, die sie einer kranken und ängstlichen Menschheit verkaufen können.

Die Corona-Krise kann die Frage aufwerfen, wie lange wir das Leben in einer künstlichen Welt noch mitmachen wollen. Wir leben mit einer beschädigten natürlichen Immunität, unsere Intelligenz wird verdrängt durch die künstliche Intelligenz, in unseren Beziehungen mit anderen verschwindet der natürliche Kontakt zugunsten des virtuellen Kontaktes, das Spielen der Kinder wird durch elektronische Sucht ersetzt, Internet-Unterricht ist ein Ersatz für die inspirierende Lehrer-Schüler Beziehung geworden, Kunstdünger hat unsere Böden unfruchtbar gemacht, so dass unsere Nahrungsmittel, die vielfach genetisch modifiziert sind, zu künstlicher und giftenthaltender Nahrung ohne Lebenskraft geworden sind.

Auch in unserer Gesellschaft sind natürliche Lebenszusammenhänge verloren gegangen. Sie ist krank, weil unsere Kultur keinen natürlichen Bereich für freies Geistesleben mehr bietet, die Demokratie eine Fassade für ein System geworden ist, in dem die Interessen der Bevölkerung kaum eine Rolle spielen, und die Wirtschaft ein Raubsystem ist, das Menschen ausbeutet und die Erde zerstört.

Das Verschwinden der natürlichen Welt geht rasant weiter. Die materialistische Wissenschaft und die Technik haben das mit verursacht, Wirtschaftsinteressen treiben es voran und Politiker, die diese Interessen vertreten, lassen es zu. Wenn wir diese Entwicklungen wahrnehmen, von objektiven Fakten ausgehen und bereit sind, darüber unsere Meinung zu bilden, haben wir die richtige Voraussetzung für ein Verständnis der Krise, die durch die weltweite Corona-Strategie der WHO verursacht wurde. Die Rückeroberung der natürlichen Welt ist eine gemeinsame Herausforderung, die alle Meinungs- und Parteiunterschiede übersteigt. Damit kann die Abnormität des Corona-Regimes zum Anlass für die bewusste Gestaltung einer mehr natürlichen Welt werden, in der wir wieder menschlich miteinander und mit der Natur leben können.

Harrie Salman,

Niederlande im Mai 2021

Vorwort

zur holländischen Ausgabe

Der erlösende Weihnachtsimpfstoff

Im Dezember 2020 trat zum zweiten Mal in vielen europäischen Ländern ein Lockdown in Kraft. Viele Wochen lang sollten wir so wenig wie möglich Kontakt zueinander haben. Dies sollte die Übertragung aller Viren einschränken, damit die Krankenhäuser nicht überlastet werden. Am 20. Dezember stoppten europäische Länder aus Angst vor einer neuen Infektionswelle für einige Tage den Reiseverkehr aus Großbritannien, weil dort eine Mutation des Corona-Virus entdeckt worden sei, die das Virus zwar nicht gefährlicher, aber möglicherweise ansteckender machen würde. Was übersehen wurde, war, dass die Angst vor dem Virus vielleicht der wichtigste Faktor bei der Ansteckung ist.

Obwohl die wissenschaftlichen Untersuchungen noch nicht abgeschlossen waren, nahm die Presse sofort an, dass das Virus viel ansteckender sei. Dies ist kaum der Fall. Die Berater der Regierungen befürchteten das Schlimmste, wie sie das immer machen. In vielen europäischen Ländern wurden Ausgangssperren verhängt. Es scheint kein Zufall zu sein, dass die Aussaat dieser neuen Panik mit der Impfkampagne zusammenfällt. Allerdings mutiert das Virus ständig und die Zahl der bekannten Mutationen liegt schon weit über 12.000. Einige von ihnen werden für eine gewisse Zeit dominant und verschwinden dann wieder.

Das Hauptziel der Corona-Politik ist, sicherzustellen, dass alle Erkrankten in den Krankenhäusern versorgt werden können. Dazu braucht es genügend Intensivbetten und vor allem ausreichend Pflegepersonal. Beides wurde in den letzten Jahre permanent zurückgefahren. Die Corona-Krise ist in Wirklichkeit eine Krise der Gesundheitsversorgung. Mit dem Lockdown zahlen wir die Rechnung für eine Gesundheitspolitik, die Krankenhäuser als Wirtschafts-Unternehmen betrachtet. In diesem Geschäftsmodell ist kein Platz mehr für Epidemien. Impfstoffe müssen dann eine technologische Lösung bieten.

Im März 2020 konnte der Lockdown noch mit der Erwartung begründet werden, dass das neue Coronavirus ein »Killervirus« sei, das ohne Maßnahmen eine halbe Million Menschen in Großbritannien und mehr als 1 Million in Deutschland töten würde. Aber es wurde schnell klar, dass die Letalität des Virus nicht viel größer ist als die eines alljährlichen Grippevirus und dass die Immunsysteme fast aller gesunden Menschen unter 70 Jahren stark genug sind, um damit fertigzuwerden.

In jedem Land gibt es einen großen Druck auf die Bevölkerung. In ihrer emotionalen Rede am 9. Dezember 2020 sagte Bundeskanzlerin Merkel, wenn wir zu viele Kontakte mit anderen haben, könnte das nächste Weihnachten das letzte mit den Großeltern sein. Schon vorher wurden Kinder in Deutschland dazu angehalten, den Tod ihrer Großeltern nicht zu verursachen. Das ist moralische Erpressung. In allen Ländern stieg im Herbst die Zahl der Todesfälle, die auf das Coronavirus zurückgeführt wurden, an. Hier stellte sich die Frage, ob dies durch das Corona-Virus verursacht wurde oder auch durch andere Grippeviren, die sich immer im Herbst in der Bevölkerung ausbreiten. All die neuen Maßnahmen und die Erwartung weiterer Todesfälle steigerten die Angst vor dem Virus und erhöhten die Bereitschaft, sich impfen zu lassen.

Die Medien warteten sehnsüchtig auf die Ankunft des Impfstoffs. Am 14. Dezember 2020 sagte Ministerpräsident Rutte dem niederländischen Volk: »Mit dem Impfstoff wird 2021 ein Jahr der Hoffnung und des Lichts am Ende des Tunnels sein.« Auf diese Weise wurde die christliche Heilserwartung des Christkindes, das die Welt vom Bösen erlöst, auf den Impfstoff projiziert, der die Welt vom Coronavirus erlösen wird. Der Impfstoff wurde als die Rettung der Menschheit angepriesen, aber wir wissen nicht, ob und wie lange er vor dem Corona-Virus schützt und ob er auf Dauer sicher ist. Wir wissen auch nicht, ob Menschen das Virus nach der Impfung noch auf andere übertragen können. Es werden wahrscheinlich immer neue Corona-Impfungen notwendig sein.

Die Regierungspolitik in der Corona-Ära wirft viele Fragen bei mündigen Bürgern auf. Es gibt einen großen Mangel an Transparenz in dieser Politik, der Tausende von Menschen zu Corona-Forschern machte. In den Mainstream-Medien, die nur unkritisch der offiziellen Politik folgen, bekamen sie keine Antworten auf ihre Fragen. Zum ersten Mal werden in sozialen Medien und auf YouTube kritische Kommentare und Videos in größerem Umfang gelöscht. Daher bleiben viele Fragen offen, die eine parlamentarische Untersuchung erfordern würden.

Bei diesen Fragen geht es um die intransparenten Informationen der Regierung: Über die reale Gefahr des Virus; die absichtliche Verbreitung von Angst; die Immunität, die bei der Mehrheit der Bevölkerung bereits vorhanden ist; die Nicht-Infektiosität von Menschen ohne Symptome; die Sinnhaftigkeit des Abstandhaltens zu Menschen, die keine Symptome haben; die wissenschaftliche Grundlage der Lockdowns; die Zuschreibung aller grippeähnlichen Symptome auf das Corona-Virus (während viele andere Viren sie auch verursachen können); die Modelle des RKI; den Nicht-Vergleich der Zahl der sogenannten Corona-Todesfälle mit der Zahl der Menschen, die in anderen Jahren an Grippe sterben; die tatsächliche Nützlichkeit des vorgeschriebenen Mund-Nasenschutzes; die

Zuverlässigkeit und Spezifität des PCR-Tests; die Kennzeichnung jeder positiv getesteten – und zwar mit jedem Test erneut, d.h. doppelt und dreifach – Person als eine mit dem Corona-Virus infizierte Person; das Nichttesten von Menschen auf andere Grippeviren; die Politik der Schließung von Museen, Cafés, Restaurants, Hotels und Geschäften, die kaum Infektionen verursachen; die Ruinierung des Kultursektors und der kleinen Unternehmer; wer wirklich einen Impfstoff braucht; die Verbindung zwischen dem RKI und der pharmazeutischen Industrie; usw.

Eine Untersuchung über intransparente Regierungsinformationen führte im Juni 2020 zu meinem Forschungsbericht *De Corona-Epidemie* (in holländischer Sprache). Er basierte auf den Erkenntnissen von Experten, die in Fachzeitschriften und im Internet präsentiert wurden, und hinterfragte die Annahmen, die die Regierungen über das Coronavirus präsentieren. Dazu gehören:

- Jeder Mensch ist potenziell gefährlich für andere
- Niemand ist immun gegen dieses Virus
- Alle Grippesymptome werden dadurch verursacht
- Jemand ohne Symptome kann das Virus übertragen
- Jeder positiv Getestete ist mit dem Virus infiziert
- Menschen können sich im Freien gegenseitig anstecken
- Gesichtsmasken bieten Schutz vor Viren

Jede dieser Annahmen ist sehr fragwürdig. Laut unabhängigen Experten und Forschern sind sie nicht wahr. Die staatliche Politik des Einsperrens, der sozialen Distanzierung und des Mundschutzes stützt sich jedoch auf sie, obwohl sie keine solide wissenschaftliche Grundlage haben.[2] Diese Politik steht in einem internationalen

[2] Im ersten Kapitel werden wissenschaftliche Belege gegeben.

Kontext, in dem unter der Leitung der Weltgesundheitsorganisation (WHO) Vereinbarungen über die Maßnahmen getroffen wurden, die im Falle einer bestimmten Anzahl von Krankheitsfällen oder positiven Tests durchzuführen sind. Diese Maßnahmen wurden dann durch eine gezielte Medienstrategie der Angst akzeptabel gemacht. In ähnlicher Weise wurden auf hoher Ebene Vereinbarungen über eine neue Generation von Impfstoffen getroffen, die nach einer beispiel- und verantwortungslos kurzen Testphase eingeführt werden sollten. Dieser internationale Kontext ist der Große Reset. Während die Welt in Angst und Schrecken versetzt wurde, hat die internationale Wirtschaft den Reset-Knopf gedrückt. Sie schafft die Demokratie ab und richtet die Welt mit Hilfe moderner Technologien ein, deren Anwendung große Gewinne verspricht. Es ist an der Zeit, dass die Menschen sich die Macht und den Reichtum zurückholen, die das Großkapital an sich gerissen hat. Wir müssen miteinander die Welt selbst gestalten.

Harrie Salman,

Niederlande am 28. Januar 2021

Einleitung

Ein einzigartiges Fenster von Chancen

Gemäß Klaus Schwab (geb. 1938), dem Gründer des Weltwirtschaftsforums, bietet die Corona-Epidemie ein »einzigartiges Fenster von Chancen« für gesellschaftliche Veränderungen. Auf diesem jährlich stattfindenden Forum treffen sich Führungskräfte der internationalen Wirtschaft, um die Lage der Welt zu besprechen und Strategien zur Erreichung ihrer Ziele zu koordinieren. Sie vertreten die Interessen der Reichen dieser Welt, die ihr Vermögen in die Großunternehmen investiert haben. Die politischen Führer zahlreicher Länder sind zu Gast, ebenso wie Vertreter der internationalen Medien, die die öffentliche Meinung prägen.

Das Forum kündigte im Mai 2020 an, dass sich das nächste Treffen mit dem Thema »*The Great Reset*«, dem Neustart der Weltwirtschaft, beschäftigen würde. Wegen der Epidemie wurde das Forum von Januar auf Mai 2021 verschoben und von Davos in die Gegend von Luzern verlegt. Führungskräfte großer Unternehmen würden dann mit eingeladenen Politikern, Intellektuellen und Journalisten darüber diskutieren, wie die Epidemie Möglichkeiten bietet, »gemeinsam und dringend die Grundlagen für ein globales Wirtschafts- und Sozialsystem für eine gerechtere, nachhaltigere und widerstandsfähigere Zukunft zu legen«, wie es in der Ankündigung hieß.

Im Dezember 2020 wurde das Treffen bei Luzern abgesagt. Stattdessen wird vom 25. bis 28. Mai 2021 in Singapur ein Sondertreffen stattfinden, bei dem führende Vertreter aus Wirtschaft, Politik und Zivilgesellschaft über die globale Erholung von der Corona-Epidemie diskutieren werden. Das Forumstreffen, das ursprünglich für den 25. bis 29. Januar 2021 geplant war, wurde zu einer digitalen Konferenz mit dem Thema *»Harnessing Technology for Environmental Sustainability«* (*»Das Einsetzen der Technologie für Umwelt-Nachhaltigkeit«*). Die Ziele des Great Reset bestimmen weiterhin die Agenda für die Arbeit des WELTWIRTSCHAFTSFORUMS. Es geht im Großen Reset um:

- Gerechtigkeit (Fokus auf das Gemeinwohl)
- Nachhaltigkeit (die Klimawandel-Agenda)
- Innovation (den Weg für neue Technologien frei machen)

Im Vorfeld dieses Treffens schrieben Klaus Schwab und Thierry Malleret 2020 das Buch *Covid-19: Der Große Umbruch*. Es bietet einen Einblick in die Ideen, die innerhalb der Eliten der Welt leben. Hier soll man unterscheiden zwischen den reichsten 1% der Welt, die 50% des Weltvermögens besitzen (der Finanzelite), der Spitze des internationalen Business (der Wirtschaftselite) und den führenden internationalen Politikern (der politischen Elite). Bemerkenswerterweise vertreten Schwab und Malleret eine Vision, die sich nicht mit den neoliberalen Mainstream-Ansichten deckt und sich der Probleme bewusst ist, die durch die Globalisierung entstehen. Schwab ist ein starker Befürworter der von ihm so genannten vierten industriellen Revolution, die zu Beginn dieses Jahrhunderts begann und sich nun beschleunigt hat.

In dem Buch von Schwab und Malleret werden die großen Probleme der Welt aus der Perspektive der globalen Eliten skizziert. Ob der Schutz der Menschenwürde, die Entwicklung einer gerechten Gesellschaft und die Pflege der Natur bei ihnen wirklich in guten Händen sind, ist die große Frage. Die Pläne der Eliten zwingen uns, selbst die Verantwortung dafür zu übernehmen und aus unseren eigenen Visionen heraus aktiv zu werden. Wie ich 2019 in meinem Buch *Gestolen welvaart* (*Gestohlener Wohlstand*) beschrieben habe, ist ein anderer Reset erforderlich. Im Rahmen einer grundlegenden gesellschaftlichen Transformation kann aus gestohlenem Wohlstand gemeinsamer Wohlstand und ein verantwortungsvoller Umgang mit der Natur möglich werden.

In dem hier vorliegenden Buch über den Großen Reset wird auf die Zukunft unserer Gesellschaft eingegangen. Kapitel 1 beschreibt die Art der Gesellschaft, in der wir in der Corona-Ära angekommen sind. Anschließend wird der Große Reset, der Plan der globalen Elite, näher erläutert (Kapitel 2). Die erwartete Corona-Epidemie bietet die Chance, diesen Plan durchzuführen (Kapitel 3). Das kann zu einer Weltordnung führen, in der die Großkonzerne die Macht übernehmen (Kapitel 4). Die Herausbildung dieser Weltordnung wirft die Frage auf, was für ein Weltbild im Großen Reset propagiert wird (Kapitel 5). Dies kann zu einer Reflexion über die Zukunft unserer Gesellschaft führen (Kapitel 6). Die Gesellschaft ist aus dem Gleichgewicht geraten und damit auch unser persönliches Leben. Jeder kann etwas dagegen tun (Kapitel 7).

Kapitel 1

Die Corona-Gesellschaft

Alle Staatsgewalt geht vom Volke aus. Die neue deutsche Verfassung von 1949 formulierte dieses Prinzip einer freien Gesellschaft. Abgesehen von der Frage, ob wir diese Macht tatsächlich ausüben können, indem wir einmal alle vier Jahre wählen, ist seit der Einführung der Corona-Maßnahmen im März 2020 klar, dass die Macht nicht vom Volke ausgeht. Das Verhältnis zwischen dem Volk und den gewählten Abgeordneten ist zerrüttet. Die nationalen Parlamente gaben ihre gesetzgebende und kontrollierende Funktion auf und stimmten fast ausnahmslos allen zu treffenden Maßnahmen im Voraus zu. So wurden in vielen Ländern der Welt Gesundheitsdiktaturen etabliert. Dies geschah auf der Grundlage einer befristeten Gesetzgebung.

Als dem niederländischen Parlament im Juni 2020 ein Vorschlag für ein endgültiges Gesetz vorgelegt wurde, erhoben Rechtsexperten grundsätzliche Einwände, weil der Gesundheitsminister die Befugnis erhalten sollte, Maßnahmen ohne Rücksprache mit dem Parlament für einen Zeitraum von maximal einem Jahr zu erlassen. Damit würde das Gesundheitssystem fortgesetzt, das sich auf den Rat der von der Regierung ernannten Experten verlässt. Eine solche Verfassung können wir eine Technokratie nennen: Nicht das Volk regiert, sondern Menschen, die die technischen Prozesse der Politikgestaltung und -umsetzung kontrollieren, üben die Macht aus. Aufgrund des Widerstands aus der Gesellschaft wurde im Oktober 2020 ein Gesetz verabschiedet, welches vorsieht, dass das niederländische Parlament den vorgeschlagenen Maßnahmen zustimmen muss. Die Geltungsdauer des Gesetzes wurde auf drei Monate verkürzt. Dies schränkt die Macht des Ministeriums ein.

In Deutschland wurde am 18. November 2020 ein ähnliches Gesetz verabschiedet, das der Bundesregierung jeweils vier Wochen Zeit gibt, eine Reihe von Maßnahmen umzusetzen, die im Gesetz festgelegt sind. Dies geschieht, nachdem der Bundestag festgestellt hat, dass eine »epidemische Lage nationaler Tragweite« vorliegt. Solange er nicht feststellt, dass die Epidemie vorbei ist, kann die deutsche Regierung diktatorisch handeln und die Grundrechte der Bürger außer Kraft setzen. Dieses Gesetz, durchgesetzt von Bundeskanzlerin Merkel, ist eine große Gefahr für die Zukunft der Demokratie.

Das zeigte sich am 21. April 2021, als der Bundestag die Bundesregierung ermächtigte, bei bestimmten Inzidenzzahlen in allen Bundesländern automatisch Maßnahmen zu erlassen, was bisher nicht möglich war. Wie in anderen Staaten richten die Gesundheitstechnokraten in Deutschland eine ›Test-Gesellschaft‹ ein, in der es Menschen mit negativen PCR- oder Schnell-Testergebnissen oder mit Impfdokumenten erlaubt wird, am Schulunterricht, an der Arbeit oder an Veranstaltungen teilzunehmen. Diese Bedingung gilt schon im internationalen Reiseverkehr. Damit werden Freiheitsrechte außer Kraft gesetzt, vorübergehend oder wahrscheinlich auch dauerhaft, denn die Gesundheitstechnokraten wollen die Kontrolle über die Bevölkerung nicht gerne verlieren.

Deutschland ist aber auch das Land, in dem der Widerstand gegen die Diktatur am stärksten ist. Auch einige deutsche Richter nehmen eine sehr kritische Position ein. Am 11. Januar 2021 urteilte das Amtsgericht Weimar anlässlich der Bestrafung einer Verletzung der Lockdownmaßnahmen bei einer Geburtstagsparty, dass diese Maßnahmen verfassungswidrig und nichtig sind, weil es in Deutschland zu keiner Zeit eine »epidemische Lage nationaler Tragweite«, in der das Gesundheitssystems überlastet wurde, gegeben habe.[3]

In Deutschland wird die Regierung in Sachen Corona hauptsächlich von einer kleinen Gruppe von Virologen der Berliner Charité und des Robert-Koch-Instituts beraten. Dieses Institut kooperiert international mit anderen Instituten, deren Arbeit von der WHO, der Weltgesundheitsorganisation der Vereinten Nationen, koordiniert wird. Diese Organisation wird von der Bill & Melinda Gates Foundation, der größten privaten Stiftung der Welt, erheblich mitfinanziert. Diese Stiftung hat ein Vermögen von ca. 50 Milliarden Dollar, wovon ca. 36 Milliarden Dollar von Bill Gates gestiftet wurden. Die Interessen der Pharmaindustrie werden von führenden Persönlichkeiten im Gesundheitswesen bedient, die Verbindungen finanzieller Art mit dieser Industrie haben. Die Pharmaindustrie übt ihren Einfluss nicht nur durch Lobbyisten aus, sondern vor allem durch ihre Vertreter, die wichtige Positionen in der Gesundheitstechnokratie einnehmen.

Das Interesse dieser Branche ist u.a. der Verkauf von Impfstoffen. Im Jahr 2009 erklärte die WHO die Schweinegrippe zur Pandemie und die Regierungen kauften Impfstoffe im Wert von Milliarden Euro, die jedoch kaum zum Einsatz kamen, da es weltweit nur sehr wenige Todesfälle gab.[4] Auch die Corona-Epidemie wurde im Jahr 2020 zunächst als extrem gefährlich dargestellt. Es stellte sich bald heraus, dass dies nicht der Fall war, aber nach Ansicht von Politikern wie Merkel ist die Epidemie erst dann vorbei, wenn ein wirksamer Impfstoff entwickelt worden ist. Die Regierung verbreitete Angst, um sicherzustellen, dass sich die Menschen an

3 www.youtube.com/watch?v=-hFdRSagaEs

4 Siehe den Dokumentarfilm *Profiteure der Angst*, 2009, https://www.youtube.com/watch?v=ZkyL4NxJJcc

die getroffenen Maßnahmen hielten, und stellte einen Impfstoff als Rettung in Aussicht. Die Investoren in der Pharmaindustrie können mit dem Kauf von Corona-Impfstoffen für alle Menschen auf der Welt besonders zufrieden sein.

Dokumente aus dem deutschen Gesundheitsministerium (das sogenannte *Panikpapier*), in dem von einem »erwünschten Schockeffekt« die Rede ist, und von SAGE, der Beratungsgruppe der britischen Regierung, zeigen, dass die Angst bewusst von Regierungen verbreitet wurde.[5] Welchen Preis zahlt die Gesellschaft für die Verbreitung von Angst? Die Menschen bekamen Angst voreinander und sahen in dem anderen eine Gefahrenquelle. Die Regierungen zwangen die Menschen dazu, Abstand zu halten (mit dieser Regel können auch Demonstrationen verboten werden). Händeschütteln war verpönt. In Ländern wie Italien und Frankreich wurden die Menschen für einige Monate in ihren Häusern eingesperrt, die sie nur verlassen durften, um in einem begrenzten Radius Lebensmittel einzukaufen. In Ländern mit leichteren Formen des Lockdowns durften sie nur mit wenigen zusammen sein. Das Tragen von Gesichtsmasken wurde in öffentlichen Verkehrsmitteln und in vielen Ländern auch in Geschäften zur Pflicht gemacht. Diejenigen, die sich nicht daran halten, werden mit hohen Bußgeldern bestraft. In vielen Ländern geht die Polizei mit exzessiver Gewalt gegen friedliche Demonstranten vor. Als Folge der Maßnahmen verlor die Gesellschaft ihren inneren Zusammenhalt und viele Menschen wurden sozial isoliert.

In der zweiten Lockdown-Runde (seit November 2020) werden Personen ohne Symptome (die also andere nicht anstecken kön-

[5] Siehe: www.abgeordnetenwatch.de/sites/default/files/media/documents/2020-04/bmi-corona-strategiepapier.pdf
und Mike Yeadon, *Science, SAGE, Ferguson, Immunity*, 2020: www.youtube.com/watch?v=ZrPTTgAFZnE

nen) wiederum gebeten, den Kontakt mit anderen zu vermeiden. Schulen, Museen, Cafés, Restaurants und Geschäfte für nicht-lebensnotwendige Dinge sind wieder geschlossen. Privat darf man nur wenige Gäste empfangen. In Großbritannien seit Januar sogar keinen einzigen! In ganz Frankreich ist schon am 15. Dezember 2020 eine Ausgangssperre in Kraft getreten. Andere Länder folgten später, nachdem eine neue, angeblich ansteckendere Virusmutation in Großbritannien und andere in Süd-Afrika und Süd-Amerika aufgetaucht waren.

Die Corona-Gesellschaft weist mehrere Merkmale einer totalitären Gesellschaft auf. Das Tragen von Mundschutz wird von vielen als Symbol der Unterwerfung unter ein totalitäres Regime gesehen. Aus der Geschichte kennen wir solche Regime. Sie beseitigen die Demokratie, sie halten die Menschen unter Kontrolle, indem sie Angst verbreiten und absurde Strafen für diejenigen verhängen, die sich nicht an die Regeln halten. Sie brechen den Widerstand gewaltsam. Sie kontrollieren die Medien und lassen Halbwahrheiten und ganze Lügen verbreiten. Wissenschaftliches Wissen wird selektiv eingesetzt und wird so zum Machtinstrument. Die Gesellschaft wird in eine Masse einzelner Individuen atomisiert, die kontrolliert werden können, weil es eine Gefahr gibt, einen Feind, der eliminiert werden muss. In diesem Fall handelt es sich um ein Virus.

In dieser Gesellschaft erzwingen Gesundheitstechnokraten eine Disziplinierung unseres Verhaltens, indem sie uns Hygieneregeln auferlegen, die dem normalen menschlichen Verhalten zuwiderlaufen: Ständig die Hände desinfizieren, Abstand halten, keine Hände mehr schütteln, liebe Mitmenschen nicht umarmen und küssen, nicht mehr gemeinsam singen, essen und feiern, in die Kneipe oder in die Kirche gehen. Der deutsche Philosoph Matthias Burchardt nannte dies die Entstehung des homo hygienicus, des Menschen, der vor Viren und Bakterien geschützt werden muss, indem man ihm Verhaltensregeln auferlegt.[6] Auf diese Weise kann sich die natürliche Immunität, die der Mensch über Jahrtausende im Umgang mit Viren aufgebaut hat, nicht mehr richtig entwickeln. Wir verlieren zudem den Blick für die eigentlichen Ursachen von epidemischen Krankheiten. Sie sind die Folge von Armut, verschmutztem Wasser, dem Eindringen von Tieren in die Umwelt, weltweitem Reisen und geschwächter Immunität. Das Auftreten von gefährlichen Viren kann auch als eine spirituelle Botschaft verstanden werden, wenn sie als dämonische Abfallprodukte des materialistischen Denkens betrachtet werden.

In der Politik der Regierungen geht es nicht darum, die Gesundheitsversorgung zu verbessern, denn die Zahl der Todesfälle, die Corona zugeschrieben werden, wird durch die Zahl der Opfer, die durch die Waffenindustrie, die Tabakindustrie, die Luftverschmutzung und das gestresste Tempo des modernen Lebens verursacht werden, weit in den Schatten gestellt. Die meisten Menschen, die an der Corona-Grippe starben, waren alt und litten an Wohlstandskrankheiten (Herzerkrankungen, Diabetes, Fettleibigkeit). Anstatt die Gesundheit der Menschen zu verbessern, wird eine biotechnologische Lösung gewählt. Mit einem neuartigen Impfstoff will die Pharmaindustrie das menschliche Immunsystem, das sich durch das Durchmachen von Krankheiten auf natürliche Weise entwickelt, künstlich stimulieren. Dies geschieht in einem weltweiten medizinischen Experiment. Mit solchen Impfstoffen lassen sich, so hofft man, Epidemien in Zukunft schneller bekämpfen. Dies ist eines der Hauptziele der Corona-Gesundheitsdiktatur, von der wir im Laufe des Jahres 2020 folgende Aspekte kennengelernt haben:

6 Siehe: www.youtube.com/watch?v=h-y2hSt9uOY

1. Diese Diktatur arbeitet mit falschen Modellen. Kurz bevor die Abriegelungen verkündet wurden, kam der englische Epidemiologe Neil Ferguson (vom Imperial College of London) am 16. März 2020 mit seinem berüchtigten Worst-Case-Szenario heraus. Ihm zufolge könnten, wenn nichts unternommen würde, 60% der britischen Bevölkerung infiziert werden und in mehr als 3% der Fälle würde dies zum Tod führen. In Großbritannien gäbe es dann 510.000 Todesfälle. Dies löste eine Panik in der Bevölkerung aus. Dieses Szenario basierte nicht auf Fakten, sondern auf Vermutungen. Ferguson stützte sich auf unzuverlässige Zahlen aus China, niemand sei immun und Menschen ohne Symptome könnten trotzdem Viren übertragen. Ferguson ist berüchtigt dafür, dass er mit seinen ›wissenschaftlichen‹ Modellen schon früher falsche Vorhersagen gemacht hat. Sein Kollege John Ioannidis präsentierte am 17. März 2020 wesentlich niedrigere Schätzungen, die auf realen Forschungen beruhten und sich später als richtig erwiesen. Ioannidis sprach von einem Mangel an Beweisen, die die Politik der Abriegelungen durch die Regierung rechtfertigen sollten.[7]

2. Die Corona-Diktatur ignoriert wissenschaftliche Forschung. Das Beispiel Ferguson macht deutlich, dass die verantwortlichen Politiker und Technokraten sich nur von Wissenschaftlern beraten lassen, die ihre Agenda der globalen Steuerung der Gesundheitspolitik unterstützen. Kritische Forschung wird ausgeblendet. Dadurch wird die Wissenschaft in der Corona-Krise politisiert und missbraucht, wie das in totalitären Staaten üblich ist. Der deutsche Wissenschaftsphilosoph Michael

[7] John P. A. Ioannidis, *A Fiasco in the Making?* Auf: www.statnews.com/2020/03/17

Esfeld spricht von einem politisch gewollten Strategiewechsel von der üblichen medizinischen Bekämpfung einer Epidemie zu einer Strategie mit gravierenden Einschränkungen der Freiheitsrechte. Es gibt jedoch keine gesicherten wissenschaftlichen Erkenntnisse, die die Corona-Maßnahmen rechtfertigen.[8] Studien aus 2020 und 2021 zeigen, dass die Ausbreitung des Coronavirus in europäischen Ländern wie Deutschland, Großbritannien und Holland ihren Höhepunkt schon erreicht hatte, bevor irgendwelche Maßnahmen wirksam wurden, und dass Lockdowns 2020 keinen erkennbaren Einfluss auf die Corona-Epidemie hatten.[9] Die technische Leiterin der WHO für das Coronavirus, Maria Van Kerkhove, berichtete am 8. Juni 2020, dass eine asymptomatische Übertragung (durch Menschen ohne Symptome) sehr selten zu sein scheint.[10] Das wurde im Dezember 2020 nachgewiesen in einer stadtweiten Prävalenzstudie mit fast 10 Millionen Menschen in Wuhan, in der keine Hinweise auf eine asymptomatische Übertragung festgestellt wurden.[11] Am 23. Juli 2020 kamen der Epidemiologe Tom Jefferson und Professor Carl Heneghan vom CENTRE FOR EVIDENCE-BASED MEDICINE in Oxford zu dem Schluss, dass es keine Beweise

8 Christoph Lütge und Michael Esfeld, *Und die Freiheit? - Wie die Corona-Politik und der Missbrauch der Wissenschaft unsere offene Gesellschaft bedrohen*, Riva Verlag, München 2021. Siehe dazu das Gespräch von Gunnar Kaiser mit Michael Esfeld vom 1. April 2021 auf: www.youtube.com/watch?v=DmnMoUH3Gpc. Siehe auch die Aussagen von Wissenschaftlern in den Sitzungen des Corona Ausschusses: https://corona-ausschuss.de/sitzungen/

9 www.aier.org/article/lockdowns-do-not-control-the-coronavirus-the-evidence/ (19.12.2020)

10 Peter Sullivan, WHO official: *Asymptomatic spread of coronavirus 'very rare'*, The Hill (8. Juni 2020)

11 Allyson M. Pollock und James Lancaster, *Asymptomatic transmission of covid-19*, veröffentlicht am 21. December 2020, BMJ 2020;371:m4851

dafür gibt, dass Coronavirus-Masken einen Unterschied machen.[12] Ein wissenschaftlicher Bericht über die Übertragung des Virus kommt außerdem zu dem Schluss, dass die vorhandenen Beweise die weit verbreitete Annahme unterstützen, dass das Risiko im Freien geringer ist, dass es aber erhebliche Lücken in unserem Verständnis der Übertragung gibt.[13] Soziale Distanzierung macht daher nur begrenzt Sinn. Es ist weiter bekannt, dass in Innenräumen eine gute Belüftung erforderlich ist und dass Kinder nicht gefährdet sind (in einigen Ländern müssen Grundschulkinder jedoch in der Schule Masken tragen).

3. Die Corona-Diktatur vertuscht die mangelhafte Gesundheitsversorgung. Die Sperrungen wurden als notwendig betrachtet, weil die Versorgung in Krankenhäusern gefährdet schien. Die Medien berichteten ausführlich über die überfüllten Krankenhäuser in Norditalien, ohne zu erwähnen, dass dies bei jeder Grippeepidemie passiert und dass nur die Krankenhäuser von zwei Städten betroffen waren. Dies sind Beispiele für Manipulation. Die Gesundheitsversorgung in Italien, Spanien, Frankreich, England, den Niederlanden und z.T. auch Deutschland ist durch Budgetkürzungen und Privatisierung zurückgefahren worden; es gibt in vielen Ländern keine Überkapazitäten, im Gegenteil, es gibt zu wenig Intensivstationen, es gibt zu wenig Personal und die Arbeit wird schlecht bezahlt. Außerdem

12 Jefferson and Heneghan, www.cebm.net/covid-19/masking-lack-of-evidence-with-politics/. Siehe das Video-Interview mit ihnen: www.youtube.com/watch?v=cK-oAJDXYHg
Siehe auch den Artikel *Masks Don't Work* des kanadischen Wissenschaftlers D. G. Rancourt, vom 11. Juni 2020, River Cities' Reader

13 T. C. Bulfone und andere, *Outdoor Transmission of SARS-CoV-2*, vom 15. February 2021, https://academic.oup.com/jid/article/223/4/550/6009483

konnten Pflege- und Betreuungsheime nicht genügend Schutz bieten, so dass fast die Hälfte der Todesfälle von dort ausging. Wir zahlen jetzt die Rechnung für jahrelange neoliberale Kürzungen im Gesundheitswesen.

4. Die Corona-Diktatur ignoriert die natürliche Immunität. Wenn neue Viren in unseren Körper eindringen, hat unser Immunsystem mehrere Verteidigungslinien. In der Regel erkranken während einer Grippe-Epidemie etwa 5–10% der Bevölkerung, die meisten davon ohne ernsthafte Symptome. Über das Coronavirus wurde gesagt, dass jeder krank werden könne. Es besteht aber auch eine Kreuzimmunität durch die durchgemachte Infektion mit anderen Coronaviren, die seit Jahren in jeder Grippesaison vorhanden sind. Gesunde Menschen unter 70 Jahren können eine Corona-Infektion ohne allzu große Probleme überstehen (5 von 10.000 Menschen können daran sterben). Die verantwortlichen Technokraten schienen auch nicht zu wissen, dass Angst und Einsperrung die Immunität schwächen. Außerdem wurde nicht auf die Stärkung der Immunität geachtet.

5. Die Corona-Diktatur übertreibt die Gefahr des Virus. Monatelang, von Mitte März 2020 an, wurden wir von den Medien in jeder Nachrichtensendung und auf jeder ersten Seite der Zeitungen mit den neuesten Zahlen von Todesfällen, Krankenhauseinweisungen und Aufnahmen auf der Intensivstation bombardiert. Dies erzeugte große Angst in der Bevölkerung, die die Einführung der Lockdowns akzeptabel erscheinen ließ. Innerhalb weniger Wochen war jedoch klar, dass das Virus kaum gefährlicher oder tödlicher war als die anderen vier Coronaviren und die normalen Grippeviren und dass die Todesrate 2020

ähnlich hoch war wie bei der Grippeepidemie 2017/18. Zunächst dachte man, dass 3,4% der Erkrankten sterben würden, aber es sind etwa 0,2% (bei einer normalen Grippe sind es etwa 0,1%). Dies wurde später von der WHO bestätigt. Diese Zahl ist für Altersgruppen und Länder unterschiedlich. Die Corona-Grippe kann Komplikationen und in etwa 10% der Fälle lange Erholungszeiten verursachen, mehr als bei anderen Formen der Grippe. Ein objektiver Vergleich (Krankenhauseinweisungen, Intensivbetten und Komplikationen) mit früheren Grippesaisons wird in den Nachrichten nicht vorgenommen. Das Auftreten einer Infektion hängt von der Menge der aufgenommenen Viren sowie der Dauer des Kontakts ab. Von jemandem, der keine Symptome hat, können wir nur in sehr seltenen Fällen infiziert werden. Die Lockdowns hätten schon nach wenigen Wochen, um Ostern, wieder aufgehoben werden können, aber die verantwortlichen Technokraten weigerten sich, ihre Fehlkalkulation einzugestehen, was zeigt, dass es andere Motive gab. Die Angst sollte fortbestehen, bis ein Impfstoff verfügbar wurde. Allerdings waren im Herbst 2020 in Großbritannien wahrscheinlich bereits mehr als 60% der Bevölkerung immun, wie ein Video zeigt, in dem Mike Yeadon, ehemaliger Vizepräsident und leitender Wissenschaftler für Allergien und Atemwegserkrankungen des führenden Pharmaunternehmens Pfizer, am 20. November 2020 die grundlegenden immunologischen Aspekte des Corona-Virus erläuterte.[14]

6. Die Corona-Diktatur zählt viele durch andere Gründe Verstorbene auch als Corona-Tote. Ein wichtiger Aspekt der Erhöhung der Angst war es, die Zahl der Todesopfer so hoch wie

14 Mike Yeadon: www.bitchute.com/video/J0JWur5LNePt/

möglich zu treiben. Für die Krankenhäuser gab es dafür finanziellen Anreiz. Dies war in manchen Ländern, wie z. B. Italien und Irland, eine bewusste Politik. Es wurde nicht unterschieden zwischen Personen, die nur an einer Infektion mit dem neuen Corona-Virus gestorben waren (dies könnten 10 bis 15% sein) und Personen, die an anderen Ursachen gestorben waren, bei denen aber mittels eines PCR-Tests (siehe unten) genetisches Material eines Corona-Virus gefunden wurde. Auf andere Viren hin wurde nicht getestet, obwohl es fünf Coronaviren und viele andere Grippeviren gibt, die ähnliche Symptome verursachen. Jeder, bei dem ein Virus gefunden wurde, wurde als ein Corona-Opfer verbucht. Das ROBERT-KOCH-INSTITUT wollte sogar verhindern, dass der Hamburger Professor Klaus Püschel durch Obduktionen genau untersuchte, woran die Menschen gestorben waren. Er tat dies trotzdem und stellte fest, dass fast alle eine oder mehrere Grunderkrankungen hatten oder übergewichtig waren. Die meisten der sogenannten Corona-Toten starben an Komplikationen, die als Folge einer geschwächten Immunität auftraten. Dies aber geschieht bei allen Grippefällen. Wir wissen auch, dass viele durch unsachgemäße Behandlungen starben, einschließlich der Verabreichung von Sauerstoff unter hohem Druck. Eine Betrachtung der Sterberaten im Jahr 2020 zeigt dennoch keine größeren Abweichungen von der normalen Sterblichkeit und von der normalen Verteilung der Verstorbenen über die Altersgruppen aus den Vorjahren.

7. Die Corona-Diktatur wendet die PCR-Tests falsch an. Ein PCR-Test dient dazu, nach einer medizinischen Diagnose festzustellen, welches Virus einen Patienten krank gemacht hat. Er wird verwendet, um festzustellen, ob genetisches Material eines Virus vorhanden ist. Nur wenige Moleküle der riesigen

Gensequenz werden dabei erfasst. Diese Moleküle können aber ebensogut irgendein Trümmermaterial statt Teil des intakten Virus sein. Es kann also nicht festgestellt werden, ob es sich um ein aktives Virus handelt, das jemanden krank und infektiös gemacht hat, sondern nur, ob überhaupt ein Infektionsverdacht bestehen könnte. Eigentlich ist der Test für die Frage nach einer Infektion, also als Diagnoseverfahren, gar nicht geeignet, wie sein Erfinder, Kary Mullis, oft genug betont hat. Dennoch wird dieser Test verwendet, um die Anzahl der infizierten Personen zu bestimmen, was aber gar nicht möglich ist. Hinzu kommt, dass nicht klar ist, wie spezifisch der Test ist, d.h. ob nur Material vom Coronavirus SARS-CoV-2 gefunden wurde oder auch von anderen Viren. Durch das Testen auf nur eine Gensequenz (primer) statt auf mindestens drei und durch die zu häufige Vervielfältigung des Materials (Cycle threshold- oder Ct-Werte) ist die Zahl der positiven Tests geradezu explodiert, was nach dem Sommer 2020 offenbar beabsichtigt war. Wie viele von den positiv Getesteten wirklich ein aktives Coronavirus tragen, wissen wir nicht. Möglicherweise sehr wenige, denn dieser von der WHO weltweit empfohlene Test wird in den Labors nicht nach einem Standardverfahren durchgeführt. Die sogenannte zweite Corona-Welle im Herbst 2020 führte zu weniger Krankenhauseinweisungen und Todesfällen, als aufgrund der PCR-Welle mit positiven Tests zu erwarten gewesen wäre. Der weltweite diagnostische Einsatz dieses PCR-Tests diente zur Rechtfertigung der Dezember-Lockdowns. Tatsächlich ist es nur sinnvoll, Menschen mit Symptomen von Ärzten diagnostizieren und testen zu lassen (und zwar auf alle relevanten Grippeviren!). Erst dann können wir feststellen, wie groß der Anteil der Infektionen mit dem neuen Coronavirus in der neuen Grippeperiode wirklich ist. Absurd ist, dass neben einer obligatorischen 10-tägigen Quarantäne auch ein negatives PCR-Testergebnis in mehreren Ländern als Grenzdokument vorgeschrieben ist.

8. Die Corona-Diktatur kontrolliert die Medien. Einer der Grundpfeiler der Gesundheitsdiktatur ist die Kontrolle von Informationen. Die öffentlichen Medien sind weltweit zu Sprachrohren der Regierungen geworden. In allen Ländern wurden diesbezügliche Vereinbarungen getroffen. Pieter Klok, Chefredakteur der niederländischen Tageszeitung De Volkskrant, erklärte in einem Radiointerview am 19. März 2020: »Ich denke, es ist klug, als Land eine Linie zu ziehen, diese Linie zu unterstützen [...] und diese Linie ist ziemlich gut untermauert, huh, ein ganzes Institut steht hinter ihr.« Im Fernsehen und in den Zeitungen werden deshalb Menschen mit kritischen Ansichten ausgeschlossen. Die Corona-Nachrichten sind in Wirklichkeit Staatspropaganda und dienen dazu, das Denken abzuschalten. Wir haben es hier mit einer international organisierten Zensur zu tun, die auch in Vereinbarungen zwischen der WHO und den Social Media-Unternehmen festgeschrieben ist. Andere Ansichten können nur teilweise über Internetkanäle wie YouTube verbreitet werden, wo Millionen von Menschen auf sie aufmerksam werden. Kritische Videos werden jedoch systematisch als Desinformation entfernt, wenn sie nicht den Ansichten der WHO entsprechen.

9. Die Corona-Diktatur eliminiert anderes Fachwissen. Die Regierungen werden von einer kleinen Gruppe von Virologen beraten. Es wird kein weiteres Fachwissen als notwendig erachtet, obwohl es naheliegend gewesen wäre, Allgemeinmediziner, Wirtschaftswissenschaftler, Soziologen und Psychologen

einzubeziehen. Die Regierungen schufen damit einen »Tunnelblick«, bei dem nur einige wenige Aspekte der Krise beachtet werden. Kritik von anderen Experten wird ignoriert. In vielen Fällen trauen diese sich ohnehin nicht, damit herauszurücken, aus Angst um ihren Arbeitsplatz, ihre Karriere und zukünftige Forschungsgelder. Wer in den Medien, in der Medizin, an den Universitäten oder in der Regierung Zweifel an der Richtigkeit der Regierungspolitik äußert, wird in der Regel mundtot gemacht. Die Meinungsfreiheit ist hier praktisch nicht existent.

10. Die Corona-Diktatur preist den rettenden Impfstoff an. Von Anfang an haben die Regierungen einen Impfstoff versprochen, der der Epidemie ein Ende bereiten würde. Es wurden Milliarden für die Entwicklung von Impfstoffen ausgegeben und Regierungen haben Impfstoffe für die gesamte Bevölkerung angeordnet. Laut Bill Gates sollten alle Bewohner der Welt geimpft werden. Die Entwicklung von Impfstoffen dauert normalerweise etwa 10 Jahre (wenn sie denn überhaupt vollendet wird) und alle Impfstoffe haben trotzdem noch Nebenwirkungen, für die die Hersteller nicht haften. Die Propaganda der Regierungen geht aber auf die möglichen Gefahren und die möglicherweise sehr begrenzte Wirksamkeit von Impfstoffen gar nicht ein. Stattdessen wurden die neuen Impfstoffe unter extremem politischen Druck in einer völlig fahrlässigen, verantwortungslosen Rekordzeit durch Auslassung wichtiger Testphasen zugelassen. In der Europäischen Union hat die EMA (European Medicines Agency) am 21. Dezember 2020 eine positive Stellungnahme abgegeben und am gleichen Tag hat die Europäische Kommission den Impfstoff zugelassen. Der deutsche Gesundheitsminister Jens Spahn setzte die EMA am 13.

Dezember 2020 zusätzlich unter Druck, indem er erklärte, er wolle die Zulassung noch vor Weihnachten.

In all diesen Aspekten können wir sehen, dass die Wahrheit verstellt wird, aber auch, dass Wissenschaft und Medien ihrer Funktion der Kritik beraubt werden. Die Regierungen haben sich so sehr in den internationalen Vereinbarungen verfangen, die unter der Schirmherrschaft der WHO den Menschen auferlegt wurden, dass sie sich nicht von ihnen lösen können, ohne ihre Autorität zu verlieren. Die Bürger sind nun gezwungen, vor Gericht zu gehen. Tausende von Experten und kritischen Bürgern fordern ihre Regierungen auf, sofort alle Maßnahmen zu stoppen und nur noch die Risikogruppen zu schützen. Im Oktober hat eine internationale Gruppe von Epidemiologen und Gesundheitswissenschaftlern die *Great Barrington Declaration* verfasst, die in 43 Sprachen übersetzt wurde. Sie sind der Meinung, dass die Zahl der gesunden Lebensjahre, die durch die Corona-Maßnahmen verloren gehen, die Zahl der gewonnenen Lebensjahre weit übersteigt. In einigen Ländern entstehen neue politische Bewegungen, wie zum Beispiel in Deutschland, wo die Partei dieBasis für Machtbegrenzung und Basisdemokratie eintritt.

Hätten wir das neue Corona-Virus nicht gekannt, hätten wir schlimmstenfalls eine schwere Grippewelle mit einigen schwerwiegenden Komplikationen gehabt, aber ohne die Katastrophe, in die uns die WHO jetzt führt. Die Folgen des Lockdowns und anderer Maßnahmen, die ab Mitte März 2020 und erneut im Dezember 2020 in Kraft traten, sind dramatisch und wurden von den Verantwortlichen in ihrem Ausmaß nicht antizipiert. In den meisten Ländern wurden die ersten Sperrungen erst eingeführt, nachdem die Zahl der Infektionen bereits ihren Höhepunkt überschritten hatte. Nur Schweden hat sich damals nicht beteiligt und die Menschen freigelassen. Im Nachhinein stellt sich heraus, dass unabhängig vom

Grad der Abriegelung die Corona-Grippe überall einen ähnlichen Verlauf genommen hat. Dies war in Schweden nicht viel anders als in Italien. Wir wissen heute, dass Lockdowns nur einen marginalen Einfluss auf den Verlauf einer Epidemie haben, es sei denn, sie werden frühzeitig eingeführt und über einen sehr langen Zeitraum aufrechterhalten. Dazu muss der internationale Reiseverkehr eingeschränkt werden. Es wäre besser, sich für eine gute Gesundheitsversorgung mit ausreichender Kapazität während der unvermeidlichen Grippeepidemien zu entscheiden.

Ein Lockdown ist ein soziales Experiment, das mehr Schaden anrichtet als es verhindert. Gesunde Menschen werden eingesperrt und gefährdete Menschen sind aufgrund eines versagenden Gesundheitssystems nicht ausreichend geschützt. Die Folgen von Lockdowns lassen sich in wenigen Aspekten zusammenfassen:

Psychologisch: Konfrontation mit der eigenen Angst, die zu Depressionen führen kann und das Denkvermögen lähmt; Lernrückstand und psychische Probleme bei Kindern; Motivationsverlust bei Kindern und Schülern durch das Lernen über das Internet; Traumata bei Kleinkindern durch das Tragen und Mitansehenmüssen von Masken und bei Erwachsenen durch die Einsperrung; kranke Menschen, die einsam sterben müssen; Angst davor, dass der andere eine Gefahr für mich ist. Kurzum: Verlust der Menschlichkeit.

Gesellschaftlich: Konflikte und häusliche Gewalt durch die Einsperrung und die gezwungene Arbeit zu Hause; Polarisierung zwischen Befürwortern und Gegnern der Maßnahmen; Abschaffung der Demokratie. Kurzum: Zerrüttung der Gesellschaft.

Kulturell: die Schließung von Theatern, Konzertsälen, Museen usw., was zu Einkommensverlusten für die in diesem Bereich tätigen Personen führt, aber auch eine riesige Qualität unserem Leben nimmt. Kurzum: die Zerstörung des Kultursektors.

Wirtschaftlich: erhöhte Arbeitslosigkeit; extreme Verschärfung der Ungleichheit; zunehmende Armut und Hungersnot weltweit. Die Regierungen haben sich massiv verschuldet, um die Unternehmen zu unterstützen. Viele Länder sind dadurch finanziell sehr verletzbar geworden. Diese Schulden müssen von den Steuerzahlern der Mittelschicht und in neuen Sparrunden abbezahlt werden. Viele kleine und mittelständische Unternehmer werden die Sperrungen nicht überleben. Ihre Geschäfte werden von Internetshops, großen Ketten und chinesischen Investoren übernommen. Der Wertanstieg der Aktien der Unternehmen, die von der Krise profitieren, hat die 614 amerikanischen Milliardäre zwischen März und Dezember 2020 um 931 Milliarden Dollar reicher gemacht. Zusammengefasst: für viele die größte Wirtschaftskrise seit den 1930er Jahren.

Medizinisch: kranken Menschen wird nicht rechtzeitig geholfen, die Immunität wird durch die Angst-Epidemie geschwächt, Kinder werden weniger Bakterien und Viren ausgesetzt (was aber für die Entwicklung ihres Immunsystems notwendig wäre). Zusammenfassend lässt sich sagen, dass Lockdowns eine medizinische Katastrophe sind.

Der deutsche Mikrobiologe und Epidemiologe Professor Sucharit Bhakdi ist durch seine unverblümte Kritik an staatlichen Maßnahmen international bekannt geworden. Mit seiner Frau, der Biologieprofessorin Karina Reiss, schrieb er das Buch *Corona - Fehlalarm?*[15] Er ruft dazu auf, wieder Mensch zu werden, die Masken abzulegen, sich die Hände zu reichen, sich zu umarmen, zu singen und sich die Frage zu stellen: Wie und warum hat unsere Gesellschaft die Entmenschlichung und den Verlust der Freiheit zugelassen?

[15] Karina Reiss/Sucharit Bhakdi, *Corona - Fehlalarm?*, Berlin, Wien 2020 Siehe auch: Karina Reiss/Sucharit Bhakdi, *Corona unmasked*, Berlin, Wien 2021

Kapitel 2

Der Große Reset

In der Corona-Gesellschaft sind Veränderungen eingeleitet worden, die von Dauer sein werden. Das Arbeiten von zu Hause aus wird von Unternehmen gefördert werden, der Einkauf in Online-Shops wird zunehmen, die digitale Bildung wird sich vor allem an Universitäten und Hochschulen fortsetzen, vielleicht auch digitale Arztbesuche, Bargeld könnte bald durch digitales Geld ersetzt werden und die Regierungen können uns mit Tracing-Apps verfolgen.

Die Wirtschaftselite sieht in der Corona-Krise eine einmalige Chance zum gesellschaftlichen Reset. Der deutsche Ingenieur und Ökonom Klaus Schwab, Präsident des WELTWIRTSCHAFTSFORUMS, wollte schon 2014 den Reset-Knopf für die Weltwirtschaft drücken, weil die Welt seiner Meinung nach noch zu sehr mit Krisenmanagement statt mit grundsätzlichen Fragen beschäftigt war. Im Jahr 2021 wird das gesamte Treffen des Forums dem Großen Reset gewidmet sein.

Schwab entwickelte 1971 das Konzept des Stakeholder-Kapitalismus, bei dem die Stakeholder miteinander kooperieren. Der Stakeholder-Kapitalismus steht im Gegensatz zum Shareholder-Kapitalismus, in dem nur die Aktionäre das Sagen haben. Die Stakeholder eines Unternehmens sind die Kapitalgeber, die Mitarbeiter, die Lieferanten, die Konsumenten und letztlich die Gesellschaft. In dieser europäischen Vision (zu der auch das »Rheinische Modell« der Konsultation mit den Stakeholdern gehört) hat das Unternehmen eine soziale Verantwortung, die internationale Unternehmen eher vermeiden. Aufgrund des gesellschaftlichen Drucks beginnt sich dies zu ändern, so dass 2019 der US Business Round Table, eine Lobbygruppe von 181 Führungskräften großer Unternehmen, die Interessen aller Stakeholder anerkannt hat.

1971 gründete Schwab das European Management Forum, um das Konzept des Stakeholder-Kapitalismus zu fördern. Seit 1987 trägt es den Namen Weltwirtschaftsforum. Es fungiert als Treffpunkt für Spitzenkräfte aus der globalen Wirtschaft, der Politik, den Medien und Vertretern der Zivilgesellschaft. Für ihn sind das die Akteure der Weltgesellschaft. Das Forum versteht sich als globale Plattform für die öffentlich-private Zusammenarbeit (zwischen Regierung und Wirtschaft) und hat sich im Laufe von 50 Jahren zu einer Organisation entwickelt, in der die 1000 größten Unternehmen der Welt zusammenarbeiten, um »den Zustand der Welt zu verbessern«. Einhundert große Unternehmen bilden als »strategische Partner« den Kern der Organisation. Seit 2013 hat das Forum ein Netzwerk von Global Shapers (zwischen 20 und 30 Jahre alt) und Young Global Leaders (zwischen 30 und 40 Jahre alt) aufgebaut; zu den letzteren gehörten auch die Herren Spahn, Kurz und Macron.

Das Weltwirtschaftsforum organisiert Forschung in einer Vielzahl von Bereichen, über die Berichte erstellt werden, die von der Website des Forums heruntergeladen werden können.[16] Die Themen der Treffen werden in der internationalen Presse diskutiert. Zusätzlich zu den informellen Beratungen zwischen den Staats- und Regierungschefs, über die nichts bekannt gegeben wird, gibt es öffentliche Sitzungen, von denen Videos verfügbar sind. So konnten wir 2019 erleben, wie der junge niederländische Historiker Rutger

16 www.weforum.org

Bregman die Reichen der Welt aufforderte, keine Steuern mehr zu hinterziehen und ihren gerechten Anteil zu zahlen.[17]

2020 war *»Stakeholders for a socially cohesive and sustainable world«* das Thema des 50. Treffens des Forums, an dem fast 3.000 Führungskräfte aus Unternehmen, internationalen Organisationen und Regierungsbehörden teilnahmen. Einige junge Aktivisten, die die globalen Ziele des Forums sinnvoll fördern könnten, wie Greta Thunberg, wurden ebenfalls eingeladen. In Vorbereitung auf dieses Treffen wurde im Dezember 2019 das Davoser Manifest 2020 veröffentlicht. Darin heißt es, dass das universelle Ziel von Unternehmen nicht nur die Gewinnmaximierung ist, sondern auch die Nutzung von Wissen und Ressourcen, um in Zusammenarbeit mit Regierungen und zivilgesellschaftlichen Organisationen zur Lösung der großen Weltprobleme beizutragen. Damit waren gemeint die Klimakrise und die Spaltung der Gesellschaft durch Ungleichheit und politische Polarisierung. Die soziale Verantwortung von Unternehmen wurde im Manifest mit den Begriffen faire Steuern zahlen, Korruptionsbekämpfung, moderate Spitzengehälter und Menschenrechte beschrieben.

Das Thema des Großen Reset für die Nach-Corona-Ära, das im Mittelpunkt des WELTWIRTSCHAFTSFORUMS am Pfingstwochenende 2021 stehen wird, wurde durch das Buch *Covid-19: The Great Reset* vorbereitet. Es wurde im Juli 2020 von Klaus Schwab und Thierry Malleret, dem Leiter des Programmteams des GLOBAL RISK NETWORK des Forums, veröffentlicht. Sie beschreiben die Folgen der Corona-Epidemie und argumentieren, dass die Epidemie zu einem Reset in wirtschaftlicher, sozialer, geopolitischer, ökologischer und technologischer Hinsicht sowie für Unternehmen und Einzelpersonen führen muss. Sie begrüßen die techno-

17 www.youtube.com/watch?v=9odkjbkwvWs

logischen Entwicklungen, die durch den Lockdown beschleunigt wurden, sind sich aber auch der Nachteile für den Menschen bewusst.

Beim Großen Reset geht es nicht nur um die Behebung der Schäden, die durch die Lockdowns entstanden sind. Schwab und Malleret argumentieren, dass auch vor 2020 viele Probleme dringend gelöst werden mussten und dass die Corona-Epidemie eine Gelegenheit biete, dies zu tun und die notwendigen Umstellungen vorzunehmen. Die Wirtschaft müsse das Wohlergehen aller Menschen und des Planeten in den Vordergrund stellen. Die Wirtschaft müsse grüner werden und der freie Markt müsse reguliert werden. Es müsse eine massive Umverteilung des Reichtums von den Reichen zu den Armen, vom Kapital zur Arbeit erfolgen. Der Staat müsse eine stärkere Rolle spielen und die Steuern würden steigen, um die sozialen Dienste zu verbessern. In der Geopolitik müsse der derzeitige Mangel an Global Governance durch eine multipolare Weltordnung behoben werden, in der die führenden Nationen miteinander kooperieren. Die Globalisierung müsse inklusiver, gerechter und (sozial und ökologisch) nachhaltiger werden. Im Umweltbereich müssen der Klimawandel und der Zusammenbruch von Ökosystemen bekämpft werden. In der Technik sehen die Autoren eine beschleunigte Entwicklung, die aber auch die Gefahr der totalen Kontrolle mit sich bringen könne. Die Wirtschaft müsse sich in einem Umfeld der rasanten Automatisierung und technologischen Innovation neu orientieren. Der Reset für den Einzelnen liege darin, neue moralische Entscheidungen zu treffen und sein Wohlbefinden zu fördern.

Das Treffen des Großen Reset-Forums im Mai 2021 zielt darauf ab, neue Grundlagen unseres Wirtschafts- und Sozialsystems für eine gerechtere, nachhaltigere und widerstandsfähigere Zukunft zu schaffen. Dies, so Schwab, erfordere eine gesellschaftliche Konvention, in der Menschenwürde und soziale Gerechtigkeit im Mittelpunkt stünden. Er fügt hinzu: »COVID-19 hat unseren Übergang in die Ära der vierten industriellen Revolution beschleunigt. Wir müssen sicherstellen, dass die neuen Technologien in der digitalen, biologischen und physischen Welt menschenzentriert bleiben und der Gesellschaft als Ganzes dienen, indem sie allen einen gleichberechtigten Zugang ermöglichen.«[18]

Nimmt man diese Zukunftsvision zur Kenntnis, könnte man sich fragen, wer denn etwas dagegen haben könnte. Entscheidend ist jedoch der Kontext, in dem diese Vision präsentiert wird. Schwab stellt die Wirtschaftsordnung unserer Welt nicht in Frage. Er spricht nicht darüber, dass die großen Konzerne und die Reichen der Welt ihre Steuern zahlen müssen. Weltweit verlieren die Länder laut dem Bericht *The State of Tax Justice 2020* jährlich mehr als 427 Milliarden Dollar durch die Steueroasen.

Eine gerechtere Zukunft ist nach Ansicht von Schwab wichtig, weil durch die zunehmende Ungleichheit die Unruhe in der Gesellschaft weltweit wächst. Nirgends wird die Rolle der Parlamente erwähnt, so dass wir erkennen, dass die Demokratie in der Welt der Eliten von Davos nicht mehr existiert. Dabei handelt es sich natürlich um Treffen zwischen den Führern großer Unternehmen und politischen Führern, die ihre eigenen Interessen und nicht die ihrer Wählerschaft vertreten. Die Frage ist jedoch, ob die kleineren Unternehmen den verschiedenen Aspekten der vorgeschlagenen Rücksetzungen zustimmen können. Es dürfte auch bekannt sein, dass das Weltwirtschaftsforum unter scharfer Kritik von Aktivisten steht, die sich gegen die Auswirkungen der Globalisierung wehren, und dass das Thema des Großen Reset auf Internetseiten in aller Welt als neuer Plan der bösen Eliten diskutiert wird.

18 Aus der Ankündigung für das Treffen im Mai 2021

Die vierte industrielle Revolution war das Thema der Forumstreffen in den Jahren 2016 und 2019. Der fleißige Schwab hat auch hierüber Bücher geschrieben: *Die vierte industrielle Revolution* (2016) und *Die Zukunft der vierten industriellen Revolution* (2018), die von seinen besonders hohen Erwartungen an technologische Innovationen zeugen. Die erste industrielle Revolution führte in der 2. Hälfte des 18. Jahrhunderts zur Mechanisierung der Spinnerei und Weberei durch die Dampfmaschine, die zweite brachte ein Jahrhundert später die Anwendung der Elektrizität und des Verbrennungsmotors, die dritte (ab 1950) war die digitale Revolution, und die vierte führt seit Beginn des 21. Jahrhunderts zu einer Vielzahl von technologischen Entwicklungen, die sich in beschleunigtem Tempo miteinander verbinden.

In seinem 2018 erschienenen Buch beschreibt Schwab zwölf Technologien, in die weltweit große Investitionen getätigt werden und die unser Leben grundlegend verändern. Darin unterscheidet er vier Cluster:

1. Die Ausweitung digitaler Technologien: neue Computing-Technologien; Blockchain- und Distributed-Ledger-Technologien zur Verschlüsselung von Informationen; und das Internet der Dinge (Vernetzung technischer Geräte untereinander, z. B. in einem Smart Home oder einer Smart City).

2. Umgestaltung der physischen Welt: künstliche Intelligenz, fortschrittliche Materialien und ergänzende Formen der Fertigung und des Drucks (z. B. 3D).

3. Die Transformation des Menschen: Biotechnologien (die Kombination von DNA-Fragmenten, wie bei der genetischen Modifikation); Neurotechnologien (wie die Verbesserung und Re-

paratur von Gehirnfunktionen); und neue Formen des Erlebens der Realität (virtuell und erweitert).

4. Integration der Umwelt: Gewinnung, Speicherung und Übertragung von Energie; Geo-Engineering (z. B. Beeinflussung des Wetters); und Weltraumtechnologien (z. B. Raumfahrt).

Im Buch werden die Technologie für digitale Kommunikation (wie 5G) und die Nanotechnologie (Arbeiten mit sehr kleinen Teilchen) nicht gesondert erwähnt, obwohl auch sie weitreichende Konsequenzen für unser Leben haben. 5G wird in vielen Ländern aufgebaut und in Betrieb genommen, während Nanopartikel bereits im Alltag eingesetzt werden, zum Beispiel in Farben, Kosmetika, Sonnencreme und Kleidung. Die Gefahren beider Technologien werden nicht angesprochen. Schwab beschreibt, welche negativen Folgen die Anwendung der zwölf Technologien haben kann, doch sein Glaube an die Segnungen der Technik bleibt unerschütterlich.

Für Schwab ist China ein äußerst wichtiger Partner bei der Entwicklung der neuen Technologie. Das Weltwirtschaftsforum hat seit über dreißig Jahren gute Verbindungen zu China und zu chinesischen Universitäten. Seit 2009 haben chinesische Spitzenpolitiker, darunter 2017 Xi Jinping, und führende Unternehmer an den Treffen des Forums teilgenommen.

Eine kritische Auseinandersetzung mit der Rolle der Technik in der Gesellschaft ist hier angebracht. Die ersten drei industriellen Revolutionen haben unsere Welt komplett verändert. Sie waren zweifellos nützlich für die Hersteller und Investoren, aber für die Arbeiter in den Fabriken brachten sie neue Formen der Sklaverei und Ausbeutung. Der Bedarf an Rohstoffen, Brennstoffen und Märkten führte zu Kriegen und der Eroberung fast aller Gebiete außerhalb Europas. Die vierte Revolution konfrontiert uns nun mit der Automatisierung großer Teile der Produktion und der Dienstleistungen, was zu einer steigenden Arbeitslosigkeit führen wird, nicht nur in der westlichen Welt, sondern auch darüber hinaus. Schwab erwähnt diesbezüglich die Möglichkeit eines Grundeinkommens. In dieser neuen technologischen Revolution sind Daten und die Verarbeitung und der Verkauf von Daten von zentraler Bedeutung. Dies ist auch im Interesse von Regierungen, die ihre Bürger kontrollieren wollen.

Aber noch in einem ganz anderen Sinne kann Technologie zu einer Bedrohung werden, denn die Entwicklung von künstlicher Intelligenz konfrontiert uns mit der Frage, wer wir als Menschen sind. Wie unterscheidet sich unsere Intelligenz von derjenigen von Maschinen? Wird unsere Gesellschaft von intelligenten Robotern übernommen und werden wir von Kameras mit Gesichtserkennungssoftware überwacht werden? Was sollen wir von Bewegungen wie dem Transhumanismus halten, der Mensch und Maschine verbinden will?

Wir müssen uns auch fragen, wer von uns diese neuen Technologien eigentlich haben will. Die Bevölkerung hat sich nicht für 5G, die neuen Netze für die mobile Kommunikation oder für Techniken zur Gesichtserkennung entschieden, obwohl die Vorbereitung mit Steuergeldern finanziert wurde. 5G wurde nicht für die Bürger entwickelt, sondern für die Crowd Control durch die Regierung, um die Massen mit Kameras und Gesichtserkennungstechniken zu kontrollieren, für Smart Cities und das Internet der Dinge.

Kapitel 3

Die erwartete Epidemie[19]

Das Eindringen des Menschen in die Tierwelt und die industrielle Massentierhaltung führen dazu, dass Bakterien und Viren aus der Tierwelt immer häufiger auf den Menschen übergehen. Denken wir an das Vogelgrippevirus und an Fledermausviren. Weniger bekannt ist, dass Bakterien und Viren auch die Aufmerksamkeit des Militärs wegen ihrer möglichen Verwendung in der biologischen Kriegsführung genießen. Diese Forschung ist offiziell eingeschränkt, wird aber in den großen Ländern mit dem Argument fortgesetzt, dass die Bevölkerung vor Biowaffen geschützt werden muss. Bakterien und Viren werden deshalb in Labors untersucht und gentechnisch verändert. Auf diese Weise können mögliche Impfstoffe entwickelt werden. Gelegentlich entschlüpft ein gefährlicher Virus einem Labor.

In den Vereinigten Staaten forschte unter anderem Ralph Baric von der UNIVERSITY OF NORTH CAROLINA seit 1999 an Coronaviren. Als dies aus Sicherheitsgründen nicht mehr zulässig war, wurde es 2014 an das INSTITUT FÜR VIROLOGIE VON SHI ZHENGLI in Wuhan ausgelagert.[20] Über die Herkunft des neuen Coronavirus, das im November 2019 erstmals in Wuhan Erkrankungen verursachte, ist noch nichts Sicheres bekannt. Es handelt sich angeblich um eine Kombination aus zwei Viren, die nach offizieller Lesart

19 In seinem hervorragenden Buch *Chronik einer angekündigten Krise* (Frankfurt a.M. 2020) hat Paul Schreyer die Vorbereitungen für die erwartete Epidemie ausführlich dargestellt.

20 David E. Martin (2020): www.bitchute.com/video/kZvYn2cwKJQX/

zufällig in einem Labor oder in einem Tier entstanden ist. Die Forscher Rossana Segreto und Yuri Deigin argumentierten jedoch im Oktober 2020, dass das Virus das Ergebnis einer genetischen Manipulation sein könnte.[21]

Das amerikanische Konzept des »biologischen Sicherheitsstaates« stammt aus dem Militär. Um den Staat gegen Biowaffen zu sichern, wird in Zusammenarbeit mit biotechnologischen Instituten geforscht. Im Jahr 1998 wurde in Baltimore das JOHNS HOPKINS CENTER FOR CIVILIAN BIODEFENSE STRATEGIES gegründet. Dieses wurde später in CENTER FOR BIOSECURITY umbenannt und heißt jetzt CENTER FOR HEALTH SECURITY. Es hat den Auftrag, »die Gesundheit der Menschen vor Epidemien und Katastrophen zu schützen und sicherzustellen, dass Gemeinschaften widerstandsfähig gegen große Herausforderungen sind.« Damit hat sich die Forschung von Biowaffen auf Epidemien ausgeweitet, die von Terroristen verbreitet werden oder auch natürlichen Ursprungs sind.

Im Laufe der Jahre ist die WHO zunehmend in die Rolle eines globalen Gesundheitsministeriums hineingewachsen. Ihre Experten wiesen immer wieder darauf hin, dass eine große Epidemie unerwartet auftreten könnte mit potenziell katastrophalen Folgen, wie etwa bei der Spanischen Grippe-Epidemie von 1918–19. Die WHO bereitete sich darauf vor, indem sie gemeinsam mit den nationalen Gesundheitsbehörden Strategien für eine Pandemie entwickelte. Die Pharmaindustrie musste entsprechend neue Techniken entwickeln, um Impfstoffe schneller bereitstellen zu können. Wir wissen, dass der Hauptsponsor der WHO der Impfstoffaktivist Bill Gates war, der eine organisierende Rolle einnahm.

Das CENTER FOR HEALTH SECURITY organisierte mehrere Übungen, um Regierungen auf globale Gesundheitsrisiken vorzu-

[21] www.youtube.com/watch?v=YcWIRczjDQc

bereiten. Im Juni 2001 wurde in der ersten Übung DARK WINTER ein Szenario vorgestellt, in dem ein mit dem al-Qaida-Anführer Osama Bin Laden verbundener Terrorist einen Pockenausbruch in den Vereinigten Staaten verursachte. Das war übrigens kurz vor den Ereignissen des 11. September 2001 rund um das WORLD TRADE CENTER in New York. Im Jahr 2005 wurde die zweite Übung in diesem Jahrhundert, ATLANTIC STORM, mit einem terroristischen Pockenangriff in Europa organisiert.

Im Jahr 2002 kam ein neues Coronavirus aus China und verursachte eine SARS-Epidemie (Schweres Akutes Respiratorisches Syndrom), die sich jedoch nicht sehr weit ausbreitete. Im Jahr 2009 erklärte die WHO die Schweinegrippe zur Pandemie, aber sie erwies sich als nicht sehr gefährlich. Die offizielle Zahl der Todesopfer betrug weltweit nur 18.449. Kritiker hatten bereits seit 2002/03 darauf hingewiesen, dass die WHO in Zusammenarbeit mit Pharmakonzernen die Gefahr übertrieben und Angst verbreitet habe. Die vermeintliche Schweinegrippen-Pandemie war eindeutig ein falscher Alarm. Der deutsche Mediziner Wolfgang Wodarg nannte diese falsche Kampagne »einen der größten medizinischen Skandale des Jahrhunderts«. Diese Kampagne erscheint im Nachhinein wie eine Übung für die Coronaviren-Pandemie im Jahr 2020.

Kurz vor der Schweinegrippe-Epidemie hatte die WHO im Jahr 2009 ihre Definition einer Pandemie überarbeitet, so dass eine Infektionskrankheit, die sich in mehreren Ländern in mindestens zwei WHO-Regionen ausbreitet, bereits als Pandemie bezeichnet wird. Die nationalen Gesundheitsbehörden müssen dann den Empfehlungen der WHO folgen. Ein Hinweis auf die Schwere und Tödlichkeit der Erkrankung war ebenfalls nicht mehr notwendig. Dies dient eindeutig den Interessen der Pharmaindustrie. Jede neue Grippe-Epidemie kann nun zur Pandemie erklärt werden. Nach den Regeln der WHO haben 16 Regierungen im Jahr 2009 Impfstoffe gegen die Schweinegrippe gekauft, die sie wegwerfen mussten, weil das Grippevirus plötzlich verschwand.

Im Jahr 2010 erstellte die Rockefeller Stiftung den Bericht *Scenarios for the Future of Technology and International Development.* In diesem Bericht wurde ein Szenario namens Lock Step vorgestellt, das eine Grippepandemie beinhaltete, die 20% der Weltbevölkerung infizierte und 8 Millionen Menschen tötete. Sie schlug extreme globale Kontrollmaßnahmen vor, die in diesem Szenario im totalitären China am erfolgreichsten waren und wie ein Vorbild erscheinen, das im weltweiten Corona-Regime im Jahr 2020 umgesetzt wurde.

Im Jahr 2018 organisierte das Zentrum für Gesundheitssicherheit seine dritte Übung Clade X mit dem Szenario einer absichtlich geschaffenen Atemwegserkrankung, an der 150 Millionen Menschen sterben. Am 18. Oktober 2019 fand in New York in Zusammenarbeit mit dem Weltwirtschaftsforum und der Bill & Melinda Gates-Stiftung die vierte Pandemieübung Event 201 statt. Sie wurde entwickelt, um die Bereiche zu untersuchen, in denen eine schwere Pandemie öffentlich-private Partnerschaften erfordern würde, um weitreichende wirtschaftliche und soziale Auswirkungen abzumildern. An der Übung nahmen nicht nur führende Politiker und Beamte teil, sondern auch Führungskräfte von Großunternehmen. Das Szenario, in dem sie selbst die Rollen spielten, beinhaltete die fiktive Pandemie eines Coronavirus, die 65 Millionen Menschen töten würde. Es hat viel Argwohn erregt, dass der Wuhan-Virus einen Monat später in China auftauchte und vieles sich so entwickelte, wie es im Rahmen dieser Übung simuliert worden war.

Bill Gates nimmt eine prominente Position bei den Treffen des Weltwirtschaftsforums ein. Im Jahr 2000 stellte er die Global Alliance for Vaccines and Immunization (GAVI) vor, um den

Zugang zu Impfungen in armen Ländern zu verbessern. Im Jahr 2010 rief er auf dem Forum das »Jahrzehnt der Impfstoffe« aus. Im Jahr 2015 investierte seine Stiftung 53 Millionen Dollar in das deutsche Unternehmen CureVac, um eine neue Art von Impfstoffen zu entwickeln. Im Jahr 2017 rief Gates auf dem Forum die Coalition for Epidemic Preparedness Innovation (CEPI) ins Leben. Ihr Ziel ist es, die Zeit, die für die Entwicklung von Impfstoffen gegen neu auftretende Infektionskrankheiten benötigt wird, von 10 Jahren auf ein Jahr zu verkürzen und sie den Entwicklungsländern zu erschwinglichen Preisen zur Verfügung zu stellen.

Seit 2013 arbeiten im Rahmen der vierten industriellen Revolution mehrere Pharmaunternehmen an dieser neuen Generation von mRNA-basierten Impfstoffen. Das sind Impfstoffe, die immerhin anfänglich in unser genetisches Gefüge eingreifen. Diese Arbeit wurde auf dem Forum 2019 in der Sitzung *»Developing a Vaccine Revolution«* von Forschern des Network for Vaccine Research am Imperial College of London (das von Gates mit zig Millionen Dollar unterstützt wurde, ebenso wie von chinesischen Mäzenen) vorgestellt. Am 2. Dezember 2020 wurde der erste derartige Impfstoff, der Impfstoff Corona von BioNTech/Pfizer, in Großbritannien für den Notfalleinsatz zugelassen. Die Zulassung dieser Impfstoffe erfolgt seitdem unter extremem politischen Druck, was bisher noch nie vorgekommen ist. Die Test- und Zulassungsverfahren, die normalerweise aus guten Gründen viele Jahre dauern, wurden auf wenige Monate reduziert, so dass wir es bei der Impfkampagne mit einem medizinischen Experiment am Menschen zu tun haben. Dies ist tatsächlich der offizielle Status des Impfverfahrens, denn die Zulassungen sind z.T. bis zum Jahresende 2023 noch keine endgültigen. Darum muss jeder, der geimpft wird, eine Einverständniserklärung unterschreiben. Damit aber ist er erklärter Teilnehmer an einer experimentellen Situation. Der neuartige

Impfstoff soll in dieser Weise an der gesamten Weltbevölkerung getestet werden. Solche Impfstoffe wurden bisher nicht zugelassen, da die Testergebnisse immer problematisch ausfielen. Wie bei einer normalen Grippeimpfung brauchen gesunde Menschen den Corona-Impfstoff in Wirklichkeit gar nicht, aber auf dem WELTWIRTSCHAFTSFORUM 2020 wurde offenbar beschlossen, dass er für alle verfügbar sein muss.

Impfstoffe bieten eine kontrollierte Infektion, die das Immunsystem zur Produktion von Antikörpern anregt. Die neuen Impfstoffe basieren auf einer Gentechnologie. Geimpft wird nicht mehr mit abgeschwächten Viren oder einem im Labor hergestellten Stück Virusprotein, sondern mit aktiver mRNA aus dem Virus, verpackt in einer Hülle von Nanopartikeln. Nach der Impfung vermehren die menschlichen Zellen, in die die mRNA eingeschleust wird, dieses genetische Virusmaterial selbst, was dann das Immunsystem aktiviert. Die Impfung ist tatsächlich eine genetische Therapie. Der menschliche Körper wird zu einem GMO, einem gentechnisch modifizierten Organismus. Da dieses virale Material möglicherweise in die zelluläre DNA eingebaut werden könnte, könnte sich die zelluläre DNA auf Dauer verändern. Das ist ein Experimentieren mit dem menschlichen Immunsystem, ohne die langfristigen Auswirkungen zu kennen. Es ist wichtig, dass eine unparteiische genetische Untersuchung über den Inhalt der injizierten Substanzen durchgeführt wird.

Nach der Impfung mit der mRNA (PFIZER und MODERNA) können gefährliche allergische Reaktionen auftreten. Mittlerweile sind bis zum 31. März 2021 62 Fälle von Gehirnthrombose nach der AstraZeneca Impfung (ohne mRNA) bekannt geworden, die in 14 Fällen zum Tode geführt haben. Unabhängige Experten gehen davon aus, dass bei Exposition mit dem echten Virus vor allem bei älteren Menschen unkontrollierte Autoimmunreaktionen des Immunsystems auftreten können. Die deutsche Zellbiologin Vanessa Schmidt-Krüger warnte schon im Dezember 2020 vor den Gefahren der Nanopartikel im BioNTech/Pfizer-Impfstoff.[22] Der deutsche Experte Wolfgang Wodarg wies darauf hin, dass die Antikörper, die unser Körper produziert, um die mit der mRNA infizierten Zellen zu zerstören, auch das körpereigene Protein Syncytin-1 angreifen können. Dieses Protein ist für die Einnistung einer befruchteten Eizelle notwendig. Frühere Forschungen zeigen, dass dadurch eine Schwangerschaft verhindert werden kann.[23] Für Leute wie Bill Gates, die das Wachstum der Weltbevölkerung reduzieren wollen, bieten diese neuen Impfstoffe große Chancen. Die WHO wurde bereits beschuldigt, Impfstoffe zur Verhinderung von Schwangerschaften einzusetzen. In den 1990er Jahren wurden diese Vorwürfe in Mexiko, Nicaragua und auf den Philippinen erhoben, 1994 in Kenia. Am 7. März 2021 schrieb der belgische Impfforschungsexperte Geert Vanden Bossche einen offenen Brief an die WHO mit der Warnung, dass die globale Impfung den »ziemlich unschuldigen Virus zu einem unkontrollierbaren Monster« machen wird, weil dadurch infektiösere Mutationen entstehen werden. Er befürchtet auch, dass die natürliche, angeborene Immunität geschädigt wird und verlorengehen könnte.[24]

Es ist geplant, Impfungen in einem Impfpass digital zu erfassen. Seit 2016 arbeitet das öffentlich-private Konsortium ID2020 an diesem Thema. Diese digitale Gesundheitsidentität ist ein globales Projekt. Die Bundesregierung wollte bereits im Mai 2020 einen

22 https://www.youtube.com/watch?v=xLx2yJAmqdU und https://www.youtube.com/watch?v=oNGFXiBVV8M

23 Wolfgang Wodarg: www.youtube.com/watch?v=EbSXV7rzxtE, zwischen 1 Std. 59 Min. und 2 Std. 11 Min.

24 https://dryburgh.com/geert-vanden-bossche-open-letter-to-who-halt-all-covid-19-mass-vaccination/

Immunitätspass einführen, doch nach großem Protest wurde dieser Vorschlag (wohl vorübergehend) zurückgezogen. Darüber hinaus wurde eine Technik entwickelt, um bei der Impfung mit Infrarot-Farbstoff eine digitale Markierung auf der Haut anzubringen, die mit einem Scanner gelesen werden kann.[25] Das sind Produkte der vierten industriellen Revolution.

Der Ausbruch der Corona-Epidemie in China im Januar 2020 sah zunächst nicht dramatisch aus. Dennoch hat der deutsche Virologe und Regierungsberater Christian Drosten, der als Vertreter der Pharmaindustrie gelten muss, mit einem Team an einem PCR-Test gearbeitet, der auf der seit dem 10. Januar 2020 verfügbaren chinesischen Analyse des Coronavirus-Genoms basiert.[26] Der Test war am 16. Januar fertig und wurde von der WHO als Standardtest für alle Labore der Welt empfohlen. Testkits wurden sofort hergestellt. Am 21. Januar wurde die wissenschaftliche Arbeit über den Test bei der Zeitschrift EUROSURVEILLANCE eingereicht und nur einen Tag später angenommen. Auch dies sind, nebenbei gesagt, Geschwindigkeitsrekorde für wissenschaftliche Prüfverfahren.

Der PCR-Test ist grundsätzlich nicht zur Diagnose gedacht wie sein Erfinder Kary Mullis immer wieder betont hat[27], dient aber international als Grundlage für die Regierungspolitik. Eine

25 Siehe zu diesen Quantum-dot tattoos: https://stm.sciencemag.org/content/11/523/eaay7162

26 Es wird immer wieder behauptet, die Chinesen hätten damit bereits das komplette Genom isoliert und zur Darstellung gebracht. Dies lässt sich aber nicht bestätigen. Wir müssen nach wie vor davon ausgehen, dass eine Isolierung des gesuchten Corona-Virus bis heute nicht vollumfänglich stattgefunden hat. Ein Hinweis darauf ist die Tatsache, dass man für den Vektor-Impfstoff von AstraZeneca Adenoviren von Affen verwenden musste, weil man eben die originalen Coronaviren nicht zur Verfügung hatte.

27 Siehe: https://www.youtube.com/watch?v=ClqxbvwVGYU

internationale Expertengruppe um den niederländischen Molekulargenetiker Peter Borger forderte am 27. November 2020 den Rückzug des Drosten-Artikels wegen gravierender Fehler, die den Test unbrauchbar machen.[28] Am 5. Februar 2021 erfolgte eine Antwort der Zeitschriftredaktion, die den Antrag abwies, ohne auf die Kritikpunkte einzugehen. Das kann als ein wissenschaftlicher Skandal bezeichnet werden. Seit Juli 2020 hält der deutsche CORONA AUSSCHUSS wöchentliche Anhörungen mit Experten über die relevanten Aspekte der Corona-Epidemie ab.[29] Hieraus ist eine internationale Gruppe von Anwälten entstanden, die internationale Strafverfahren mit Sammelklagen gegen die Verantwortlichen für die Einführung des PCR-Tests als weltweit eingesetztes Diagnoseverfahren vorbereitet.

Unter den wachsamen Augen von Bill Gates, der globalen Elite und der WHO haben die politischen Führer auf dem WELTWIRTSCHAFTSFORUM vom 21. bis 24. Januar 2020 offenbar die Schlussfolgerungen des EVENT 201 vom Oktober 2019 in gemeinsame Vereinbarungen über die Strategie zur Bekämpfung der Corona-Epidemie umgesetzt. Der französische Präsident sprach später von einem Krieg gegen das Virus. Es ist jedoch eine Illusion, dass ein Virus, das weltweit verbreitet ist, ausgerottet werden kann. Wenn wir Maßnahmen international vergleichen, können wir sie auf diese bio-security (biologische Sicherheits-) Strategie zurückführen:

- Ein globales Rechenzentrum einrichten
- Lockdowns nach chinesischem Vorbild
- Eine Strategie der Angst anwenden
- Regeln zur sozialen Distanz einführen

[28] https://cormandrostenreview.com/report/
[29] https://corona-ausschuss.de/

- Kontrolle der Medien
- Gezielte Maßnahmen gegen angebliche Desinformation
- Richtlinien auf den PCR-Test stützen
- Groß angelegte Tests an Personen
- Einführung der Technologie zur Kontaktverfolgung
- Impfungen mit den neuen Impfstoffen
- Direkte oder indirekte Zwangsimpfung
- Einführung eines Immunitätspasses

Am Vorabend des Forums wurde in Deutschland am 20. Januar 2020 die Nachricht verbreitet, dass in China mehr als 200 Menschen erkrankt seien. Unmittelbar darauf folgte weltweit ein unerbittlicher Sturm von Nachrichten. Die WHO begann am 21. Januar mit der täglichen Berichterstattung über das Virus und am 22. Januar begann das Johns Hopkins Center, alle Krankheitsfälle in allen Ländern der Welt auf dem Covid-19 Dashboard zu registrieren. Dies alles geschah, während praktisch nichts über das Coronavirus bekannt war. Offenbar war bereits entschieden, dass es sich um die gefürchtete und versprochene Epidemie handelte und dass der innovative Impfstoff der Welt aufgezwungen werden sollte. Wenn man dies annimmt, wird der ganze Verlauf der Entwicklung verständlich.

Am 22. Januar 2020 wurde über Wuhan (11 Millionen Einwohner) und einige andere chinesische Städte eine vollständige Quarantäne verhängt. Aus China wurden 444 Krankenhausaufnahmen und 17 Todesfälle gemeldet. Am 24. Januar meldete die WHO 25 Todesfälle weltweit. Bis zum 28. Januar wurden 1771 neue Fälle aus ganz China gemeldet. Bis zum 13. März waren es noch 8 und dann hörte es auf. In China gab es laut Regierungspropaganda keine Corona-Fälle mehr, nur noch normale Patienten mit Atemwegserkrankungen.

Der fünfwöchige Lockdown in Wuhan war die erste groß angelegte Abriegelung einer ganzen Gesellschaft in der Neuzeit und wurde zu einem großen Propagandaerfolg. Die chinesische Herangehensweise an die Epidemie wurde von Gesundheitstechnokraten, einschließlich des von China unterstützten WHO-Chefs Tedros, mit Bewunderung beobachtet. Sie verkündeten, dass wir von Asien lernen sollten. Diese totalitäre Abriegelung und die anderen chinesischen Maßnahmen, wie z.B. die Massentests (mit eigenen Tests), wurden zum Vorbild für die Länder, in denen China Einfluss hat, und wurden in anderen Ländern nachgeahmt. Länder, die den Lockdown nicht einführen wollten (wie Schweden, Weißrussland und Tansania), wurden durch die Propaganda von China, der WHO und dem Internationalen Währungsfonds unter Druck gesetzt, der die Bereitstellung von Geldern einstellte. Als das deutsche Innenministerium acht Wissenschaftler mit der Ausarbeitung des Strategiepapiers beauftragte, das am 22. März 2020 in Umlauf gebracht wurde und als *Panikpapier* bekannt wurde, waren zwei von ihnen China-Experten.[30]

Die technokratische Maschine der WHO wurde in Davos in Gang gesetzt, wie Paul Schreyer es in seiner ausgezeichneten Chronik beschrieben hat.[31] Sie gewann an Fahrt, als am 22. Februar 2020 die ersten Todesfälle in Italien verzeichnet wurden und die erste Quarantäne für ein noch begrenztes Gebiet ausgerufen wurde. Am 8. März wurde ganz Norditalien abgeriegelt. Mitte März wurden Fernsehbilder aus Bergamo und Brescia gesendet und gingen um die Welt. Ein möglicher Grund für die hohe Zahl der Todesfälle in Norditalien ist, dass die älteren Menschen kurz zuvor mehrere Impfungen erhalten hatten, die ihre Immunität geschwächt haben.

[30] Aya Velázques, *China und der Great Reset*, auf: https://demokratischer-widerstand.de/artikel/158/china-und-der-great-reset/

[31] Paul Schreyer, *Chronik einer angekündigten Krise*, Frankfurt a.M. 2020

Es wurde nicht mitgeteilt, dass es sich nur um zwei Städte handelte, dass diese Probleme dort in jeder Grippesaison auftreten und dass es einen großen Personalmangel im medizinischen Bereich gab. Dies ist ein gutes Beispiel für die Inszenierung von Medienbildern, die seit 1933 in der modernen Politik genutzt werden, um in einer Atmosphäre der öffentlichen Panik den Ausnahmezustand auszurufen. Diese Technik ist Teil der hybriden Kriegsführung unserer Zeit.

Am 11. März 2020 erklärte die WHO die Corona-Epidemie zur Pandemie. Damit begann die kollektive Hypnose, die vielen Menschen die Urteilskraft genommen hat. Am 16. März kam Neil Fergusons Horrorszenario von 510.000 Toten, falls die britische Regierung nichts unternehmen würde. Um diese Zeit gingen die meisten europäischen Länder in die Abriegelung. Deutschland und Frankreich scheinen eine führende Rolle bei der Umsetzung der Strategie gespielt zu haben. Die Infektionsrate hatte bereits ihren Höhepunkt erreicht, aber die Regierungen wussten das nicht. Bereits am 19. März gab die britische Regierung bekannt, dass sie Covid-19 nicht mehr als »Infektionskrankheit von großer Tragweite« betrachte.[32] Die Letalität der Krankheit war nicht hoch genug. Die britische Regierung wollte zunächst dem schwedischen Beispiel folgen und führte die Abriegelung am 25. März nur ein, weil die Berater, die Bevölkerung und die Parlamentarier Angst bekommen hatten.

Zur Beratungsgruppe der britischen Regierung (SAGE) gehörte eine Gruppe von Mathematikern, die den Verlauf der Epidemie modellierten. Eine zweite Gruppe sollte Maßnahmen vorbereiten und eine dritte Gruppe bestand aus Psychologen, die über Propaganda- und Manipulationstechniken beraten sollten, um die Menschen in Angst zu halten und sie persönlich bedroht fühlen

32 www.gov.uk/guidance/Big-consequence-infectious-diseases-hcid

zu lassen.[33] Indem man Lügen immer und immer wieder wiederholt, fangen die Menschen an, sie zu glauben. Ein neuer Fachjargon wurde für die neue Situation entwickelt. Die Begriffe »intelligente Abriegelung«, »soziale Distanzierung« und »die neue Normalität« wurden eingeführt. Der letzte Begriff stammt übrigens aus dem Jahr 2015, aus einer Übung für eine Katastrophe in der globalen Nahrungskette.

Die politische Umsetzung der Corona-Politik wurde seit 2001 vorbereitet, verlief aber überall chaotisch und improvisierend. Es fehlte den Technokraten an Empathie mit der Bevölkerung. Ob der Virus selbst das Produkt einer geplanten Aktion ist, wird sich vielleicht in Zukunft zeigen. Wir müssen uns diese Möglichkeit offen halten, denn es sind Kräfte mit unmoralischer Intelligenz am Werk. Wir können uns die Akteure der Krise anschauen: die Pharmaindustrie, die durch die WHO riesige Gewinne machen kann, und die großen Tech-Unternehmen, die an der Börse im Wert in die Höhe geschossen sind. Die WHO hat es geschafft, eine Gesundheitsdiktatur zu errichten, die von langer Hand vorbereitet wurde. In ähnlicher Weise sind auch Diktaturen für Nahrungsmittelproduktion, Klima, Bildung, Kultur, Medien und andere Bereiche in verschiedenen Stadien der Vorbereitung. All dies im Dienste der großen internationalen Konzerne und ihrer Finanziers, der reichen Weltelite und ihrer im Entstehen begriffenen Weltregierung.

Bereits Mitte April 2020 war klar, dass das Coronavirus kaum ansteckender und tödlicher ist als andere Coronaviren und die Influenzaviren. Doch die Beschränkungen, die ab diesem Zeitpunkt nicht mehr mit medizinischen Argumenten zu rechtfertigen waren, wurden nicht aufgehoben. Der Schaden ist immens und für vie-

33 Mike Yeadon: www.youtube.com/watch?v=kANkpqtWLN4, zwischen 4:40 und 23:20 Min.

le sind die Lockdowns die einschneidendsten Ereignisse in ihrem Leben, die sie noch lange Zeit beeinflussen werden. Die zweiten Sperrungen im Dezember 2020 verstärken diesen Schaden. Das wiederum kommt den florierenden Big Tech-Unternehmen zugute, aber auch China, das keine Wirtschaftskrise erlebt hat, während in den westlichen Ländern der Mittelstand zusammenbricht. Sowohl diese großen Unternehmen als auch China haben ein Interesse an dieser wirtschaftlichen Katastrophe. Die westlichen Regierungen lassen dadurch einen wirtschaftlichen Reset zu. Wir sind daher gezwungen, ihnen einige Fragen zu stellen:

- Warum soll die ganze Bevölkerung, einschließlich Kindern, geimpft werden? Das wird noch viele Monate dauern. Gemäß internationalen Experten, wie dem niederländischem Virologen Jaap Goudsmit, wäre es ausreichend, nur die Risikogruppen zu impfen. Dann könnte der Lockdown schnell aufgehoben werden.
- Warum sind die Regierungen nicht ehrlich in Bezug auf das geringe Risiko des Coronavirus, die tatsächliche Zahl der Covid-19-Todesfälle (auch im Zusammenhang mit der Grippe), den Wert des PCR-Tests, den Einsatz von Masken, die Belastung der Krankenhäuser im Vergleich zu früheren Jahren?
- Warum lassen die Regierungen keine offene Diskussion mit kritischen Experten in den Medien zu?
- Warum lassen sie das psychologische, soziale und wirtschaftliche Chaos in der Gesellschaft zu?
- Warum wird ein Impfstoff gegen ein Virus eingesetzt, das kaum gefährlicher ist als ein Grippevirus, ohne dass die Langzeitwirkungen bekannt sind?
- Warum bereiten uns die Regierungen nicht darauf vor, dass das Corona-Virus, wie alle anderen Grippeviren, ein Teil unse-

res Lebens werden wird, indem sie für genügend Betten in den Krankenhäusern sorgen und die Verbesserung unserer Immunität durch eine Änderung unseres Lebensstils unterstützen? Und indem sie Therapien propagieren, mit denen Covid-19 wirksam vorgebeugt (zum Beispiel mit Vitamin D)[34] und behandelt (zum Beispiel mit Kräutern)[35] werden kann?

- Warum ignorieren Regierungen die spirituellen Aspekte des Auftretens von Viren, so dass wir lernen können, die Botschaft von Krankheiten und insbesondere der Corona-Grippe zu verstehen und unsere Gesellschaft so zu verändern, dass wir auf eine gesunde Weise mit uns selbst und der Natur umgehen?

Ohne eine gründliche Risikoanalyse der möglichen Schäden für die Gesellschaft (im kulturellen Bereich, im Gesundheitswesen, im psychischen und sozialen Leben und in der Wirtschaft) zogen die politisch Verantwortlichen unter der Regie der WHO mit großflächigen Abriegelungen und Grenzschließungen in den Krieg gegen das Virus. Nur wenige Länder, wie Schweden, wo das Grundgesetz eine Einschränkung der Menschenrechte verbietet, verfolgten einen anderen Kurs. Die einzige Exit-Strategie, die entworfen wurde, war die, das Virus mit einem Impfstoff zu stoppen. Das ist ein unverantwortlicher Ansatz, denn Viren mutieren ständig und verbreiten sich mit dem Strom der Menschen um die Welt. Die blinde Ausführung des in Davos entworfenen Kriegsszenarios unter der Aufsicht der Wirtschaftseliten, insbesondere der Pharmaindustrie und der anderen am Plan des Großen Reset Beteiligten, hat unvorstellbaren Schaden angerichtet. Coronaviren können mit einem Impfstoff nicht ausgerottet werden. Sie werden wie alle anderen Grippeviren

34 Siehe Prof. Jörg Spitz: www.youtube.com/watch?v=v-cM9jQKUYY

35 Siehe Prof. Hans Rausch: www.youtube.com/watch?v=I3uleAM5mgc

jedes Jahr wiederkehren. Wir können erwarten, dass jeden Herbst neue Corona-Impfungen stattfinden werden.

Die Regierungschefs sind verantwortlich für die Errichtung einer Gesundheitsdiktatur, mit der sie ihr unterfinanziertes Gesundheitssystem retten wollten. Die vielen Milliarden Euro Schaden, die diese Diktatur weltweit angerichtet hat, hätten sinnvoller für die Verbesserung der Gesundheitsversorgung verwendet werden können. Die politisch Verantwortlichen hätten alle Maßnahmen nach drei Wochen aufheben müssen, als klar war, dass das Corona-Virus kaum tödlicher ist als andere Grippeviren. Stattdessen benutzten sie unbrauchbare PCR-Tests, um Menschen für infiziert zu erklären, und stellten sie und die Menschen, mit denen sie in Kontakt waren, unter Quarantäne. Als Ausweg wird jeder einem Impfexperiment unterzogen. Dies alles muss als kriminelle Handlungen betrachtet werden.

Die Gefahr, die vom Corona-Virus ausgeht, wird überbewertet und rechtfertigt in keiner Weise die getroffenen Maßnahmen. Wir sehen die Strategie der Angst, die unwissenschaftlichen Maßnahmen, den unbrauchbaren PCR-Test mit seinen großen Fehlermargen und seiner mangelnden Spezifität, die bewusste Übertreibung der Zahl der Todesfälle, den Mythos der großen zweiten Welle, die in Wirklichkeit eine Welle von positiven Tests war.

Die kanadische Journalistin Naomi Klein beschrieb 2007 in ihrem Buch *Die Schock-Strategie*, wie Regierungen Krisen nutzen (oder produzieren), um ihre von langer Hand vorbereiteten Kontrollpläne auszuführen. Gesundheitstechnokraten haben die Gefahr der Corona-Epidemie mit einem Test, der nicht zur Diagnose dient, ins Gigantische gesteigert, um die Gesellschaft in einen Schockzustand zu versetzen, der so lange anhalten muss, bis alle geimpft sind. Sie tun dies vor allem im Interesse der Pharmaindustrie, aber auch der großen Konzerne, die die mit der vierten industriellen Revolution verbundenen Innovationen umsetzen wollen. Die materialistische Wissenschaft will die totale Kontrolle über Mensch, Gesellschaft und Natur schaffen.

Mit ihren PCR-Tests und ihren modellbasierten Erwartungen haben die Gesundheitstechnokraten eine Pseudo-Realität konstruiert, in der sich alles dreht um die geheimnisvolle, auf Annahmen basierende Reproduktionszahl. Für sie ist der Umgang mit der Corona-Epidemie ein technisches Problem, kein menschliches. Viele Menschen, die unkritisch glauben, was politische Führer behaupten, können sich nicht vorstellen, dass Regierungen lügen und kriminell handeln. Sie gehen daher lieber davon aus, dass das Virus sehr gefährlich ist, obwohl wir seit April 2020 wissen, dass dies nicht der Fall ist. Wer offen beobachtet, was jetzt geschieht, und sieht, wie die Lüge regiert, kann mit großer Sorge in die Zukunft unserer Gesellschaft und unserer Menschheit blicken. Der totalitäre Weltstaat unter anglo-amerikanischer Kontrolle mit entmachteten Untertanen, der seit mehr als einem Jahrhundert als die neue Weltordnung vorbereitet wird, ist nun mit chinesischer Unterstützung in der globalen Gesundheitsdiktatur ans Licht gekommen. Der geplante technologische Große Reset wird nach dem Vorbild Chinas unsere Gesellschaft und unser Menschsein grundlegend verändern – wenn wir es zulassen.

Kapitel 4

Die neue Weltordnung

Bis zum Ersten Weltkrieg dominierte Großbritannien einen großen Teil der Welt. Man kann also von einer britischen Weltordnung sprechen, die nach einer Übergangszeit 1945 in eine amerikanische Weltordnung überging. Um diese Ordnung zu verwirklichen, wurden am Ende des Zweiten Weltkriegs neue Institutionen geschaffen. Dies waren der INTERNATIONALE WÄHRUNGSFONDS und Institutionen, die später WELTBANK und WELTHANDELSORGANISATION genannt wurden. Zusätzlich zu dieser wirtschaftlichen Infrastruktur der Weltordnung wurden die VEREINTEN NATIONEN als Keimzelle einer Weltregierung gegründet. Und das alles unter amerikanischer Kontrolle.

Die amerikanische Weltordnung umfasst nicht die ganze Welt. Die Sowjetunion mit ihren Satelliten und Verbündeten wurde nicht einbezogen. Seit 1989 verfolgt Russland, wie auch China, seinen eigenen Kurs, obwohl sie Mitglieder westlicher Institutionen sind. Seit 1979 hat der Westen Chinas wirtschaftliche Entwicklung aktiv unterstützt. China ist jetzt die aufstrebende Weltmacht. Noch ist Amerika militärisch, politisch und wirtschaftlich die führende Macht. Zu den wirtschaftlichen Eliten, denen die internationalen Konzerne mit ihrem Geld gehören, gehören jedoch wohlhabende Menschen aus allen Teilen der Welt.

Auf informelle Weise arbeiteten die britischen und amerikanischen Eliten seit dem Ersten Weltkrieg in den Bereichen Wirtschaft, Politik und Medien zusammen, um ihre Interessen anzugleichen. Vor dieser Zeit spielten die Freimaurerlogen eine Rolle als Netzwerk der vorwiegend europäischen Eliten und Intellektuellen. Nach dem Zweiten Weltkrieg wurde ihr Platz von anderen Gruppen eingenommen. Die bekannteste ist die Bilderberg-Gruppe, die 1954 von dem niederländischen Prinzen Bernhard van Lippe-Biesterfeld mitbegründet wurde. Hier konnten sich Vertreter der amerikanischen und westeuropäischen Eliten treffen. 1973 wurde auf Initiative des amerikanischen Bankiers David Rockefeller die Trilaterale Kommission gegründet, der neben amerikanischen und europäischen auch ostasiatische Wirtschafts- und Politikführer, insbesondere aus Japan, angehören. Durch die Forschungen von Patrick Wood und Antony Sutton in den Jahren 1979 und 1980 ist vieles darüber bekannt geworden.[36]

Die Bilderberg-Gruppe und die Trilaterale Kommission sind keine Geheimgesellschaften, sondern geschlossene Zirkel, in denen Weltprobleme diskutiert und eine gemeinsame Strategie gesucht wird. Das große Ziel im Hintergrund ist eine Weltregierung, wie David Rockefeller bei mehreren Gelegenheiten erklärt hat. Es ist bekannt, wer Mitglied von diesen Zirkeln ist. Das Weltwirtschaftsforum, das 1971 als Europäisches Managementforum gegründet wurde, richtete sich zunächst vor allem an die europäische Geschäftswelt, ist aber inzwischen zu einem jährlichen Treffpunkt der Weltgrößen geworden, darunter im letzten Jahrzehnt auch die chinesischen Eliten. Zu diesem großen Netzwerk der globalen Eliten können wir die Hunderte von Think Tanks und Forschungsinstituten hinzufügen, in denen Wissenschaftler im Dienste der Eliten globale Probleme und Strategien erforschen.

[36] Patrick Wood und Antony Sutton, *Trilaterals over Washington*, Volumes I & II, Mesa (AZ, USA) 2017

Es ist oft von einer neuen Weltordnung die Rede gewesen. Nach dem Ersten Weltkrieg sprach der amerikanische Präsident Woodrow Wilson darüber. Er verwies auf die grundlegend veränderten Machtverhältnisse in der Welt. Nach dem Zweiten Weltkrieg wurde wieder darüber gesprochen und nach dem Ende des Kalten Krieges sprach der amerikanische Präsident George Bush Senior am 11. September 1990 von einer neuen Weltordnung. Wie schon nach den beiden Weltkriegen strebten die Eliten wieder eine Weltregierung an.

Nach den gescheiterten Kriegen in der islamischen Welt und dem Aufstieg Chinas ist das Ende der amerikanischen Weltordnung in Sicht. Vielleicht haben wir es hier mit einem 72-jährigen historischen Rhythmus zu tun. So wie der Kommunismus 72 Jahre nach der Russischen Revolution von 1917 im Jahr 1989 durch die Umwälzungen im Ostblock zusammenbrach, so sind im Jahr 2017 72 Jahre seit dem Ende des Zweiten Weltkriegs vergangen. In diesem Jahr wurde Donald Trump Präsident der Vereinigten Staaten. Mit seinem Slogan »America first« schien er die Rolle des Totengräbers der westlichen Weltordnung übernommen zu haben. Amerika sollte sich um sich selbst kümmern und nicht um die Welt, war seine Botschaft. Wir befinden uns in einer Übergangsphase zu einer multipolaren Weltordnung, in der nicht nur die Vereinigten Staaten, sondern auch die Europäische Union, China und andere große Länder für die politische Situation in der Welt verantwortlich sind. In dieser neuen Weltordnung werden es die größten Unternehmen aus dem Westen und aus China sein, die das Sagen haben werden und die Welt nach dem chinesischen totalitären Modell organisieren wollen.

Unter amerikanischer Führung und weitgehend von den Vereinigten Staaten finanziert, wurden internationale Organisationen unter dem Banner der 1945 gegründeten und zunächst von den USA kontrollierten Vereinten Nationen (UNO) geschaffen.

Das Grundstück, auf dem der Hauptsitz der VEREINTEN NATIONEN in New York gebaut wurde, wurde von der Familie Rockefeller gestiftet. Eine dieser Organisationen ist die WELTGESUNDHEITSORGANISATION (WHO), die 1948 gegründet wurde, um globale Aspekte des Gesundheitswesens zu identifizieren, Aktivitäten im Gesundheitswesen zu koordinieren und die Gesundheit der Weltbevölkerung zu fördern. Diese Organisation spielt die koordinierende Rolle bei der Corona-Epidemie. Die Förderung der globalen Gesundheit ist wiederum Teil einer größeren Agenda, der globalen Agenda der nachhaltigen Entwicklung.[37]

Das Konzept der ›nachhaltigen Entwicklung‹ hat seinen Ursprung in einem Bericht der VEREINTEN NATIONEN von 1980. Der *Brundtland-Bericht* definierte sie 1987 als »Entwicklung, die die Bedürfnisse der Gegenwart befriedigt, ohne die Fähigkeit künftiger Generationen zu gefährden, ihre eigenen Bedürfnisse zu befriedigen.« Ein neuer Schritt wurde 1992 auf dem ERDGIPFEL in Rio de Janeiro getan, wo die AGENDA 21 für das 21. Jahrhundert erarbeitet wurde. Es geht um Menschen, Planeten, Wohlstand, Frieden und Partnerschaft. Als Zwischenschritt wurde 2015 die AGENDA 2030 mit 17 Zielen der nachhaltigen Entwicklung formuliert, die bis 2030 erreicht werden sollen.

Dies sind alles lobenswerte Ziele. Bei näherer Betrachtung zeigt sich jedoch, dass das gesamte Feld der nachhaltigen Entwicklung von internationalen Konzernen gekapert wurde, die das Sagen in der Weltordnung haben. In allen Bereichen der Entwicklung werden wissenschaftlich-technische Pläne erstellt, die von Beratern eingebracht und bürokratisch überwacht werden und Gewinne für westliche Unternehmen abwerfen. Dies geschieht systematisch in den

[37] https://de.wikipedia.org/wiki/Ziele_f%C3%BCr_nachhaltige_Entwicklung

Entwicklungsländern, aber auch in der westlichen Welt. Hier sehen wir den technologischen Reset des Weltwirtschaftsforums am Werk. Wir werden dies in den Bereichen Lebensmittelproduktion, Bildung, Gesundheitsversorgung und Klima untersuchen.

Ein sehr anschauliches Beispiel für die Machtübernahme durch Großkonzerne in allen Bereichen der nachhaltigen Entwicklung ist die weltweite Nahrungsmittelversorgung. Die indische Aktivistin Vandana Shiva prangert dies seit Jahren an. Mit anderen gründete sie 1986 die Organisation Navdanya, die sich für Biodiversität, biologische Landwirtschaft, Bauernrechte und den Schutz von Saatgut einsetzt. Nach früherem Widerstand gegen den Biochemiekonzern Monsanto und die führenden Lebensmittelmultis veröffentlichte diese Organisation im Oktober 2020 den Bericht *Gates to a Global Empire*, über die Aktivitäten der Bill & Melinda Gates Stiftung.[38] In diese Stiftung hat Bill Gates, der Gründer des Softwareunternehmens Microsoft, der mit 31 Jahren der jüngste Milliardär der Geschichte wurde, 1999 seine philanthropischen Aktivitäten eingebracht.

Der Bericht zeigt, dass diese Stiftung nicht an der Entwicklung nachhaltiger und inklusiver Wirtschaftsmodelle interessiert ist, sondern an der Konsolidierung des Modells intensiver industrieller Monokulturen zugunsten der groß angelegten Saatgut- und Agrochemie-Industrie. Gemeinsam mit internationalen Unternehmen, die mit gentechnisch verändertem Saatgut handeln, ist Gates an der kompletten Neugestaltung der Nahrungsmittelproduktion in Afrika beteiligt. Sie halten Patente auf Saatgut und die genetischen Codes von gelagertem Saatgut aus allen Kontinenten, das sie gentechnisch verändern. Die Gates-Stiftung ist ein Sponsor der

38 https://navdanyainternational.org/publications/gates-to-a-global-empire/

CGIAR, des größten Netzwerks für landwirtschaftliche Innovationen. Im Januar 2020 gründete die Stiftung eine neue Unterabteilung, die BILL & MELINDA GATES AGRICULTURAL INNOVATIONS, um wissenschaftliche Durchbrüche für Kleinbauern in Afrika, Asien und Lateinamerika verfügbar zu machen.

Die Gates-Stiftung fördert ihre Interessen in vielen Bereichen, indem sie Geld in Forschung, Universitäten, Start-ups, Entwicklungsprogramme und -projekte sowie in die Medien investiert. Ab 2001 sponserte Gates die INTERNATIONAL ALLIANCE FOR IMPROVED NUTRITION, die biotechnologisch »verbesserte« Nahrungsmittel fördert. Im Jahr 2006 rief er das GLOBAL DEVELOPMENT PROGRAM ins Leben, aus dem die ALLIANCE FOR THE GREEN REVOLUTION IN AFRICA hervorging.

Am 9. November 2020 erschien ein Artikel, in dem Vandana Shiva ihre Meinung über den Great Reset kundtat.[39] Sie bemerkte: »Beim Großen Reset geht es darum, dass die multinationalen Interessengruppen des WELTWIRTSCHAFTSFORUMS so viele Elemente des Lebens auf dem Planeten wie möglich kontrollieren.« Sie fügte hinzu, dass es um die »Aufrechterhaltung und Stärkung einer Extraktionsmaschine der Großunternehmen [zum Auspressen von Geld aus der Wirtschaft] und um das Privateigentum am Leben geht.« Ein Partner des WELTWIRTSCHAFTSFORUMS ist das 2014 gegründete SWEDISH FOOD FORUM EAT. Seine Mission ist es, das globale Nahrungsmittelsystem auf wissenschaftlicher und nachhaltiger Basis zu verändern. Dabei werden Lebensmittel verwendet, die in Laboren entwickelt wurden, wie z. B. Zuchtfleisch. Gesunde, an regionale Vielfalt gebundene Lebensmittel werden so durch gentechnisch veränderte Lebensmittel ersetzt.

[39] Jeremy Loffredo, *World Economic Forum's 'Great Reset' Plan for Big Food Benefits Industry, Not People*, in: THE DEFENDER, 9. November 2020

Mitbegründer des EAT ist der der Pharmaindustrie nahestehende Wellcome Trust. Zu der von der EAT vorgeschlagenen Planetary Food Diet bemerkte Shiva: »Bei der von der EAT vorgeschlagenen Diät geht es überhaupt nicht um Lebensmittel, es geht um die Großunternehmen und es geht um eine Übernahme des Lebensmittelsystems durch die Großunternehmen (...). Die weltweit einheitliche Ernährung von EAT wird mit westlicher Technologie und Agrochemie produziert. Dies souveränen Nationen durch multinationalen Lobbyismus aufzuzwingen, ist das, was ich Lebensmittelimperialismus nenne.«

Die wohltätige Arbeit der Stiftungen von Bill Gates und anderen Milliardären, wie die Carnegie-, Dell-, Ford-, Rockefeller-Stiftungen, ist nicht uneigennützig. Mit ihrem Geld bilden sie Wissens- und Politiknetzwerke, in denen die Interessen von Technologieunternehmen, wissenschaftlichen Einrichtungen, Regierungen und Tochtergesellschaften der Vereinten Nationen aufeinander abgestimmt werden. In diesen Netzwerken werden Ziele gesetzt, politische Konzepte formuliert, Projekte vorbereitet, Indizes und Kennzahlen ermittelt, um den Grad der Zielerreichung zu messen, und Registrierungssysteme entwickelt, um alles zu erfassen. In der praktischen Umsetzung sehen wir überall Technokraten und Manager am Werk, die nicht von demokratischen Institutionen kontrolliert werden. Leute wie Bill Gates und die Chefs der großen Unternehmen verhalten sich wie eine Weltregierung. Die nationalen Regierungen sind die Vollstrecker ihrer Politik.

Ein weiterer Bereich der Umstellung ist die Bildung. Seit dem Jahr 2000 werden die Kompetenzen von 15-jährigen Schülern regelmäßig in einer europäischen Vergleichsstudie (PISA) getestet. Im Jahr 2004 wurde mit der Verabschiedung der Dublin-Deskriptoren eine europäische Bildungspolitik mit endgültigen Leistungsniveaus für Colleges und Universitäten ins Leben gerufen. Infolgedessen ist die Ausbildung zunehmend auf die Erfüllung internationaler technokratischer Standards ausgerichtet. Die Digitalisierung der Bildung, auch in der Grundschule, macht Lernergebnisse noch besser messbar. Auf internationaler Ebene wurde diese Digitalisierung von einem Netzwerk aus Vertretern der UNESCO (Organisation der Vereinten Nationen für Bildung, Wissenschaft und Kultur), Bildungsministern, Produzenten von Lernprogrammen, Think Tanks, Beratern und Stiftungen, wie z.B. der Gates-Stiftung, auf den Weg gebracht. Schulcomputer werden weltweit gesponsert.

Im Jahr 2020 hat die digitale Bildung einen neuen Schub erhalten, da in vielen Ländern der Präsenzunterricht in den Schulen durch den Lockdown blockiert wird. Bereits am 26. März 2020 wurde die Global Education Coalition gegründet. Unter ihren Gründern finden sich die großen Profiteure der Schließungen (Microsoft, Google und Facebook), die BBC, McKinsey, IBM, das Johns Hopkins Institute for Education Policy und Vertreter der Global Business Coalition for Education (gegründet 2012).

Bill Gates spielt auch eine prominente Rolle auf dem Gebiet des Gesundheitswesens und der Impfstoffentwicklung. Seit 1994 konzentriert er sich auf die globale Gesundheit. Im Jahr 1999 gründete er eine Malaria Vaccine Initiative mit 50 Millionen Dollar, um einen Impfstoff gegen Malaria zu entwickeln (der bis heute nicht verfügbar ist) und er unterstützte die International Aids Vaccine Initiative mit 25 Millionen Dollar. Auf Gates' Initiative wurde die 1990 gegründete Children's Vaccine Initiative im Jahr 2000 in die Global Alliance for Vaccines and Immunization (GAVI) umgewandelt, um den Zugang zu Impfungen (gegen Kinderkrankheiten, Gelbfieber, Hepatitis B und die H-Influenza-Viren) in armen Ländern zu verbessern. GAVI bringt Regierungen von Entwicklungs- und Geberländern mit der WHO, der Weltbank, der Impfstoffindustrie, Forschungsinstituten und privaten Philanthropen zusammen. Es wurde auf dem WELTWIRTSCHAFTSFORUM 2000 vorgestellt, wo Gates 750 Millionen Dollar zusagte.

Im Jahr 2010 rief Gates auf dem WELTWIRTSCHAFTSFORUM das »Jahrzehnt der Impfstoffe« aus. Ende 2010 erklärte die WHO, dass sie gemeinsam mit der Gates-Stiftung einen globalen Aktionsplan für Impfungen erstellen werde. Im Jahr 2017 wurde die COALITION FOR EPIDEMIC PREPAREDNESS INNOVATION (CEPI) auf dem WELTWIRTSCHAFTSFORUM in Davos ins Leben gerufen. Die Startinvestition in Höhe von 470 Millionen Dollar wurde von einem Konsortium aus mehreren Ländern und Sponsoren, darunter die BILL & MELINDA GATES-STIFTUNG, bereitgestellt. Ziel ist es, die Zeit, die für die Entwicklung von Impfstoffen gegen neu auftretende Infektionskrankheiten benötigt wird, von 10 Jahren auf ein Jahr zu reduzieren und diese Impfstoffe den Entwicklungsländern zu erschwinglichen Preisen zur Verfügung zu stellen. Auf dem WELTWIRTSCHAFTSFORUM von 2019 stellten drei Wissenschaftler des UK VACCINE RESEARCH NETWORK des IMPERIAL COLLEGE in der Session *»Developing a Vaccine Revolution«* die nächste Generation von Impfstoffen vor. Das sind die Impfstoffe, wie sie jetzt für den Einsatz gegen das Coronavirus verfügbar sind.

Die Gates-Stiftung ist nach den Vereinigten Staaten der zweitwichtigste Sponsor der WHO. Im Jahr 2018–19 belief sich dieser Beitrag auf 9,4% der Einnahmen. Damit üben Bill Gates und die mit seiner Stiftung verbundenen Institutionen und multinationalen Unternehmen einen großen Einfluss auf die Politik dieser Organisation aus. Durch seine Arbeit präsentiert er sich als Wohltäter der Menschheit. China trägt viel weniger bei, aber mit den entscheidenden chinesischen Stimmen wurde der jetzige WHO-Spitzenmann Tedros ernannt.

Das Thema Klimawandel steht seit dem Erdgipfel in Rio 1992, bei dem der erste internationale Umweltvertrag geschlossen wurde, auf der Agenda der Vereinten Nationen. Es folgten das *Kyoto-Protokoll* von 1997 und das *Pariser Klimaabkommen* von 2016. Maßnahmen zum Klimaschutz gehören zu den Zielen einer nachhaltigen Entwicklung. Es ist wenig umstritten, ob sich das Klima ändert, da ständig neue Temperaturrekorde gemessen werden und Eiskappen und Gletscher schmelzen, aber es gibt eine Kontroverse über die verwendeten wissenschaftlichen Modelle. Die Hauptfrage ist, inwieweit die CO2-Emissionen dafür verantwortlich sind. Die Verträge haben sich dafür entschieden, den Ausstoß von Treibhausgasen zu reduzieren, unter anderem durch ein System von Emissionszertifikaten. Dies erfordert einen komplexen Übergang zu nichtfossilen Energien unter der Führung internationaler Unternehmen und die Einführung einer CO2-Steuer unter technokratischer Kontrolle. Auch Experimente zum Geo-Engineering sind im Gange, die darauf abzielen, die Sonneneinstrahlung zurück zu reflektieren und das Klima zu beeinflussen. Bill Gates ist Co-Sponsor des Stratospheric Controlled Perturbation Experiment (SCoPEx), das im Juni 2021 in Schweden einen Versuch mit Streukalk in 20 km Höhe durchführen wollte, um die Sonnenstrahlung in den Kosmos zurückzuwerfen. Nach Protesten mehrerer Umweltorganisationen beschloss die Swedish Space Corporation im April 2021, den geplanten Testflug nicht durchzuführen.

Die Frage, die hier nicht gestellt wird, ist, inwieweit unser Wirtschaftssystem des ungezügelten Wachstums und der Energieverschwendung, das im technokratischen Plan der Öko-Diktatur des Green New Deal nicht in Frage gestellt wird, noch mit dem richtigen Umgang mit der Erde verbunden werden kann. Diese Frage bekommt eine andere Dimension, wenn wir die Erde als einen lebendigen Organismus sehen, mit dem wir durch unser westliches materialistisches Denken in den letzten Jahrhunderten die innere Verbindung verloren haben, die in allen traditionellen Kulturen bestand.

Nach Ansicht des Weltwirtschaftsforums ist das Problem des Klimawandels noch größer als die Corona-Epidemie. Wenn wir jetzt einen Reset durchführen, könnten wir das Klimaproblem besser angehen, glaubt Klaus Schwab. Weil US-Präsident Trump 2017 aus dem Klimaabkommen ausgestiegen ist, konnte der geplante Reset damals nicht stattfinden. Das Coronavirus bietet eine neue Chance. Trump, dessen Wiederwahl von den Eliten nicht gewünscht war, ist nun von der Bildfläche verschwunden.

Die Lockdowns treiben das seit 2008 völlig instabile globale Finanzsystem durch die steigende Schuldenlast fast aller Länder in noch tiefere Schwierigkeiten. Klaus Schwab schreibt zwar nicht darüber, aber es ist schon lange die Rede von einem neuen globalen Geldsystem unter Führung des IWF, in dem der US-Dollar seine zentrale Stellung verliert. Dieser monetäre Reset bleibt im Hintergrund, könnte aber unerwartet zur Realität werden. Der erste Schritt wird voraussichtlich die Abschaffung des Bargeldes durch die Zentralbanken und der Übergang zu digitalem Geld sein. Die tickende Zeitbombe des bankrotten Finanzsystems ist nun aus unserem Bewusstsein verschwunden. Wenn die Krise des Geldsystems kommt, kann das Coronavirus als Ursache ausgemacht werden.

Kapitel 5

Die Pyramide der Macht

In dem von der Davoser Elite geplanten Reset wird die Demokratie, soweit sie noch existiert, durch eine Oligarchie (Herrschaft der Wenigen) ersetzt. Das Ideal der Demokratie als einer Staatsform, in der das Volk (auf Altgriechisch: demos) die Macht ausübt, hat seinen Ursprung in der griechischen Kultur. Dies stand im Gegensatz zu der despotischen Staatsform des alten Persiens und Ägyptens, in der ein Autokrat die Macht ausübte. Die griechische Demokratie war jedoch sehr eingeschränkt, da Frauen und Sklaven nicht zum Volk gezählt wurden. Nur freie Männer mit Eigentum konnten daran teilnehmen. Dies war auch die Praxis der amerikanischen Demokratie, die nach der Verabschiedung der Verfassung im Jahr 1787 entstand. Nur Weiße, die über ein gewisses Vermögen (meist Landbesitz) verfügten, hatten das Recht zu wählen.

Die Rechtfertigung für diese Einschränkung wurde im Schutz des Eigentums der Vermögenden gesehen, die befürchteten, dass ihr Reichtum an die Bevölkerung verteilt würde, wenn jeder wählen dürfte. Als die westlichen Länder vor einem Jahrhundert das allgemeine Wahlrecht einführten, hatten die Reichen das gleiche Problem. Wenn die Armen durch sozialistische Parteien an die Macht kämen, könnten Gesetze verabschiedet werden, die die privilegierte Stellung der Reichen durch Verstaatlichungen oder hohe Steuern beenden könnten. Das waren längst nicht mehr nur die Grundbesitzer und Kaufleute älterer Zeiten, sondern auch die Besitzer von Fabriken und die Bankiers, die sich um ihr Geld kümmerten.

Die Reichen haben schon immer nach Möglichkeiten gesucht, die Massen zu kontrollieren. Dazu entwickelte die Wissenschaft psychologische und soziale Techniken, die mit den Ängsten der Menschen spielen, ihre Meinungen (die öffentliche Meinung) durch mediale Propagandatechniken formen und ihre Bedürfnisse durch Marketingtechniken manipulieren können.[40] Durch die Benennung oder Schaffung von Feinden, wie z. B. Terroristen, vereinte sich das Volk hinter dem Führer. All diese Techniken begleiteten die Entwicklung der Demokratie. Außerdem wussten die Mächtigen in der Gesellschaft, wie sie politische Parteien für ihre Zwecke nutzen konnten. Demokratie als Macht des Volkes ist also bis heute eine Illusion. Stattdessen muss man von einer Plutokratie sprechen, von der Herrschaft einer Elite von Reichen.

Nach dem Zweiten Weltkrieg waren die Eliten bereit, hohe Steuern zu zahlen, um die Kriegsschäden zu beheben, aber auch wegen des Gesellschaftsvertrags zwischen Arbeit und Kapital. Aus diesem Vertrag entstand der Wohlfahrtsstaat mit all seinen sozialen Dienstleistungen. Ab 1980 brach dieser Vertrag in der neoliberalen Politik zusammen. Die Steuersätze wurden gesenkt und Unternehmen und Reiche vermieden in immer größerem Umfang, Steuern zu zahlen. Der Faktor Arbeit verlor mehr und mehr an Einfluss und die Regierungen mussten sich verschulden, um über die Runden zu kommen.

Die Reichen unserer Zeit verdienen ihr Geld in Form von Erträgen aus investiertem Kapital, das von den Managern moderner Konzerne eingesetzt wird. Diese Konzerne sind in vielen Fällen mächtiger als die Regierungen, vor allem in den aufstrebenden Sektoren Big Tech und Soziale Medien aus dem Silicon Valley, Tele-

[40] Siehe dazu: Rainer Mausfeld, *Warum schweigen die Lämmer?* Frankfurt a.M. 2018, sowie: Daniela Dahn/Rainer Mausfeld: *Tam Tam und Tabu*, Frankfurt a.M. 2020

kommunikation, Pharmazie und Biotechnologie. Über Lobbygruppen üben die großen Konzerne Einfluss auf die Regierung aus, die nicht von Natur aus den Interessen des Volkes dient. Sie können mit dem Geld politische Parteien sponsern, ehemaligen Politikern Karrieren eröffnen oder ihre eigenen Leute in hohe Positionen im Regierungsapparat bringen. Diese unmittelbare Macht der internationalen Wirtschaft wird in Amerika als Corporatocracy (die Herrschaft der Konzerne) bezeichnet. Die EUROPÄISCHE KOMMISSION versucht, die Macht der großen Unternehmen einzuschränken, tut aber kaum mehr, als Bußgelder für die Schädigung von Wettbewerbern zu verhängen.

Die moderne Gesellschaft hat ihre eigene Form der Regierung entwickelt, die wir sowohl in der Politik als auch in der Wirtschaft finden. Das ist die Technokratie, die erstmals in der französischen philosophischen Tradition des frühen 19. Jahrhunderts beschrieben wurde. Graf Saint-Simon nannte es das »Management der Dinge«, das das »Management der Menschen« ersetzen würde. Menschliche Entscheidungen würden dann überflüssig werden, weil alles administrativ nach bestimmten Regeln abgewickelt werden kann. Entsprechend formulierte Ralph Waldo Emerson im Juni 1846 in seiner *Ode, Inscribed to William H. Channing*: »Dinge sitzen im Sattel und reiten die Menschheit.«

Der französische Philosoph und Soziologe Jacques Ellul schrieb 1954 ein wichtiges Buch über die »technologische Gesellschaft« und definierte »Techniken« als die rationalen und effizienten Methoden, die in jedem Bereich menschlicher Aktivitäten eingesetzt werden, um soziale Beziehungen, politische Strukturen und wirtschaftliche Phänomene handhabbar zu machen. Wir können dies auch eine Technokratie nennen.

Im Laufe des 20. Jahrhunderts entstanden mehrere Vorläufer der modernen Technokratie: in der Sowjetunion war dies der Bolschewismus (1917), in Deutschland der Nationalsozialismus (1933) und in Amerika Präsident Roosevelts Wirtschaftsplanungsbehörden (1933). In verschiedenen Varianten sehen wir eine zentralisierte Macht, die die gesamte Gesellschaft Regeln unterwirft und die Menschen zu Objekten der Staatsmacht degradiert. Der Staat mischt sich nun in alle Bereiche der Gesellschaft ein. Sie sind die moderne Variante der altägyptischen Gesellschaft, in der der Pharao an der Spitze der Machtpyramide stand. Im Laufe der Zeit hat sich die Natur der Macht verändert. In Ägypten war es religiöse Macht, im Römischen Reich war es politische Macht und im letzten Jahrhundert ist es wirtschaftliche Macht geworden. Die großen Konzerne zwingen dem Staat ihren Willen auf und eliminieren den Input des Volkes. Sie sind auf Gewinnmaximierung ausgerichtet, aber es werden Regeln benötigt, um den Weltmarkt zu regulieren, damit die großen Akteure einen Rahmen haben, innerhalb dessen sie agieren können.

Der Große Reset beginnt bei den großen Konzernen. Sie konzentrieren ihre Macht an der Spitze der globalen Gesellschaft (in Form einer Weltregierung), wo unter ihrer Aufsicht die Institutionen der Vereinten Nationen, die großen Länder und die Europäische Union Rahmenbedingungen schaffen, innerhalb derer die Konzerne ihre Interessen wahren können. Dies geschieht auch durch Handelsverträge, die ihnen das Recht geben, Staaten zu verklagen, deren politische Entscheidungen ihren wirtschaftlichen Interessen schaden. Nationale Politiker sind die Vollstrecker ihrer Wünsche und sichern sich die Kooperation der Bevölkerung. In den nationalen Parlamenten werden die Rechte der Bürger nur noch selten abgewogen. Die auf internationaler Ebene festgelegten Richtlinien werden dort weiter ausgearbeitet. Auf allen Ebenen arbeiten Technokraten daran, Regeln zu schaffen. Auf internationalen Konferenzen sind Nichtregierungsorganisationen (NGOs), die

die Zivilgesellschaft repräsentieren, die Gesprächspartner, die im Namen des Volkes sprechen sollen.

Die großen internationalen Unternehmen sind in Wirklichkeit Konzernstaaten (Unternehmen mit einer Macht, die größer ist als die der meisten Länder). Sie verhalten sich so, als stünden sie über dem Gesetz. Immer wieder gibt es Skandale, die zeigen, dass sie nationale und internationale Gesetze brechen. In manchen Fällen, wie z. B. in der Big Tech-Industrie, wird einer Branche erlaubt, sich selbst zu regulieren, und dann kommt es zu unmoralischen Verletzungen der Privatsphäre. Dass finanzielle Interessen Vorrang haben, hat zu Wirtschaftskriminalität geführt, z.B. bei Autofirmen, die Abgastests fälschen; Banken, die wertlose Hypotheken verkaufen; Pharmafirmen, die Impfstoffe auf den Markt bringen, welche nicht ordnungsgemäß getestet wurden; Chemieunternehmen, die krebserregende Stoffe und Gifte produzieren, welche Insekten ausrotten; Agrarunternehmen, die Kleinbauern in den Abgrund treiben; Telekommunikationsunternehmen, die ihre eigenen Strahlungsstandards für Handys und drahtlose Verbindungen festlegen; Tabakhersteller, die Substanzen hinzufügen, welche Raucher süchtig machen; Big Tech-Firmen, die Programme mit absichtlich eingebauten Süchten entwickeln. Die Liste ist nahezu endlos. Wir haben es mit modernen Mafias zu tun, die keinen Respekt vor der Menschenwürde und der Freiheit haben, die Umwelt vergiften, die Erde ausplündern und das natürliche Gleichgewicht stören.

Im Bereich des Gesundheitswesens im Zusammenhang mit dem Coronavirus haben wir gesehen, wie unter der Schirmherrschaft der WHO auf Weltebene in kürzester Zeit Maßnahmen ergriffen wurden, die zu einer globalen Gesundheitsdiktatur geführt haben. Es geht nicht mehr um die Gesundheit und das Überleben der Menschen, sondern um die Unterwerfung der Gesellschaft unter ein totalitäres Regime, das u.a. den Interessen der Pharmaindustrie dient. Diese Vision der globalen Gesellschaft und des Umgangs mit den Rechten des einzelnen Menschen ist in allen Bereichen zu erkennen, in denen internationale Unternehmen tätig sind und an uns Geld verdienen können. Sie zwingen uns, als Sklaven für sie zu arbeiten, so wie im alten Ägypten jeder für den Pharao arbeitete. Jetzt arbeiten wir, um Produkte zu kaufen, mit denen große Gewinne gemacht werden und die wir in vielen Fällen nicht einmal brauchen.

Dieser Sicht auf den Menschen steht das große Projekt der europäischen Kultur gegenüber: die Schaffung einer Gesellschaft freier Menschen, die sich geistig entwickeln, die ihre gegenseitigen Beziehungen auf der Basis der Gleichheit regeln, die solidarisch für das Gemeinwohl zusammenarbeiten und die verantwortungsvoll mit der Erde umgehen. Die menschliche Freiheit ist freilich begrenzt durch natürliche Gegebenheiten, durch unsere Umwelt und durch Kräfte, mit denen wir nicht immer frei umgehen können, wie Ängste, Süchte und Vorurteile. Durch die Entwicklung der Kultur können wir jedoch lernen, mit diesen Einschränkungen umzugehen und sie zu transformieren. Die Wissenschaft kann die natürlichen Gegebenheiten verändern, durch Erziehung und Bildung können wir innere Freiheit entwickeln und die Arbeit an uns selbst kann uns helfen, unsere persönlichen Probleme zu überwinden. Doch eine Gesellschaft, in der Kultur zur Unterhaltung wird und Bildung zu einer einseitigen Erziehung führt, hält uns in unseren Grenzen gefangen.

Die Machtpyramide, in der sich die Kontrolle über unser Leben zunehmend an die Spitze der globalen Gesellschaft verlagert, ist das Erbe alter Kulturen, in denen die Menschen viel weniger individualisiert waren als heute und noch keine eigenständige Kontrolle über ihr Leben hatten. Am Ende des Mittelalters entstanden Gesellschaften von freien Bürgern, wie in den italienischen Stadtstaaten, den Schweizer Kantonen, den mitteleuropäischen freien Städten, den Handelsstädten des Nordens und der Republik der Vereinigten Niederlande. Hier wurde die Pyramide der zentralisierten Macht allmählich auf den Kopf gestellt, so dass die Macht von den Bürgern und nicht von der Kirche oder dem Adel ausging. Diese Entwicklung wurde durch den Aufstieg des modernen Staates und der Europäischen Union, die ein entstehender Superstaat ist, auf der einen Seite und der großen internationalen Konzerne auf der anderen Seite konterkariert. Die Zentralisierung der Macht und die Entmachtung der Bürger stellen einen großen Rückschritt in Richtung kollektives Bewusstsein und den Verlust der individuellen Freiheit dar.

Dass es zu solch großen Machtkonzentrationen in Politik und Wirtschaft gekommen ist, ist auch das Ergebnis eines mangelnden Bewusstseins der Bürger. Moderne politische Führer, die die Interessen der reichen Eliten vertreten, wissen, wie sie die Bevölkerung manipulieren und dadurch diese Interessen und ihre eigenen Karrieren sichern können. So halten uns die Schatten des alten Ägyptens und des alten Roms in ihrem Griff. Führer mit moralischem Bewusstsein, die es auch gibt, werden getestet, ob sie ihren Idealen treu bleiben. Überall erwachen Menschen, die von Idealen ausgehend auf eine Welt hinarbeiten, in der ein neues politisches Bewusstsein die Gesellschaftsformen der Vergangenheit überwindet.

Es gibt noch andere Gründe, warum die multinationalen Konzerne und die Stiftungen der Milliardäre so mächtig geworden sind. Die Unternehmen haben sich in großem Umfang der Zahlung von Steuern entzogen. Hinzu kommt, dass seit 1980, in der Ära des Neoliberalismus, die Steuersätze gesenkt wurden und die Konzerne seit dem Zweiten Weltkrieg einen entscheidenden Einfluss auf die Regierungspolitik haben. Die Machtkonzentration der internationalen Konzerne wurde durch Gelder ermöglicht, die sonst durch

Besteuerung unter demokratischer Kontrolle für andere Zwecke verwendet worden wären.

Wir stehen nun vor der Frage, wie die modernen Technologien genutzt werden sollen. Die Elite von Davos führt einen Reset zugunsten der Mächtigen der Welt durch. Ihre Wortführer, die politischen Eliten, benutzen dafür einen neuen Slogan: Building back better (der bessere Wiederaufbau der globalen Gesellschaft). Sie nutzen die selbstverschuldete Corona-Krise, um mehr Kontrolle über die Menschen zu gewinnen. Als Beispiel können sie die Machtkonzentration in der totalitären chinesischen Gesellschaft heranziehen, in der die Regierung mit Hilfe von Gesichtserkennung und künstlicher Intelligenz ein Sozialkreditsystem eingerichtet hat. In diesem System verlieren Bürger, die sich nicht an die Regeln halten, Punkte, so dass sie letztlich z. B. die Möglichkeit verlieren, zu reisen oder ihren Beruf auszuüben.

Das Entstehen eines solchen Überwachungsstaates in den westlichen Ländern, das durch die Corona-Maßnahmen beschleunigt wurde, ruft bei vielen Widerstand hervor.[41] Großunternehmen, internationale Organisationen und die im Entstehen begriffene Weltregierung müssen überwacht und korrigiert werden. Diese Mechanismen sind nicht vorhanden. Es ist schon ein Problem, dass die Europäische Kommission vom Europäischen Parlament nur bedingt kontrolliert werden kann. Die Gegenkraft muss aus der Gesellschaft kommen. Die direkte Demokratie ist das Mittel dazu, und sie kann mit Hilfe der modernen Technik umgesetzt werden. Es ist an der Zeit, die Entwicklung hin zur Freiheit, die das Herzstück unserer europäischen Kultur ist, wieder in Gang zu bringen. Die Menschen dürfen nicht manipuliert und der Propaganda unterwor-

41 Shoshana Zuboff, *Das Zeitalter des Überwachungskapitalismus*, Frankfurt a.M./New York 2018

fen werden. Sie sind von Natur aus kreative Wesen, die ihr Leben selbst gestalten können.

Es wird manchmal angenommen, dass die Bürger nicht in der Lage sind, sich ein Urteil über die Probleme der heutigen komplexen Gesellschaft zu bilden. Dies erfordert artikulierte Bürger und eine politische Organisation der Gesellschaft, in der die Rechtsfragen transparent sind. Das sind Fragen, die jeden betreffen und bei denen jeder in seiner Eigenschaft als Mensch gleichberechtigt mitreden sollte. Sie beinhalten Gesetze, die Rechte und Pflichten sowie die Organisation der Gesellschaft festlegen. Sie müssen keine technischen Fragen lösen. Sie können den Rat von Experten in diesen Fragen einholen. Die Aufgabe der Bürgerinnen und Bürger im politischen Leben ist es, Rahmenbedingungen zu bestimmen, innerhalb derer sich die Menschen frei entfalten können, ihre Rechte als Menschen gewährleistet sind und sie nicht in einen Existenzkampf verwickelt sind, sondern die natürlichen Ressourcen für eine humane Gesellschaft in Kooperation miteinander nutzen können. Das erfordert einen anderen Reset, als ihn das Weltwirtschaftsforum mit seinem Top-Down-Ansatz umsetzen will. Die Veränderungen müssen von der Basis kommen, von den Bürgern und nicht von Eliten, die ihre eigenen Interessen verfolgen. Wie die Macht von der Spitze zur Basis der Gesellschaft verlagert werden kann, ist das Thema des nächsten Kapitels.

Kapitel 6

Die Zukunft der Gesellschaft

In unserem Denken über die Gesellschaft sind wir es gewohnt, von einigen Grundgedanken auszugehen, die uns eigentlich daran hindern, das gesellschaftliche Leben zu erneuern. Diese sind zum Beispiel: wir leben in einer Demokratie, die Regierung kümmert sich um das Allgemeinwohl, der freie Markt und der Wettbewerb sind gut für die Wirtschaft, die staatlichen Institutionen sollten wie ein Unternehmen arbeiten, die Medien sind unabhängig, die Bildung sollte an die Bedürfnisse der Wirtschaft angepasst werden, usw. Diese Gedanken trüben unser Bild der gesellschaftlichen Realität, denn hinter jeder Behauptung können große Fragezeichen stehen.

Wir brauchen ein paar Kernideen, die von jedem denkenden Menschen verstanden werden können. Wir können von dem ausgehen, was das Weltwirtschaftsforum in seinem Reset als Karikatur der humanen Gesellschaft der Zukunft präsentiert, die mit noch größerer Wucht durchgesetzt wird, als es seit dem Durchbruch der neoliberalen Politik 1980 der Fall war. In diesem Reset erscheint eine Welt, die von den größten Konzernen entworfen wird, dank der Politiker, die mit Hilfe psychologischer und sozialer Techniken und mit Hilfe der Medien die Bevölkerung zur Zustimmung bringen. Die Wissenschaft liefert die neuen Technologien, die die Gesellschaft kontrollierbar machen, den Reichen riesige Gewinne versprechen, eine Kultur der permanenten Unterhaltung bieten und durch die sozialen Medien virtuelle Verbindungen (aber keine Begegnungen) zwischen allen Menschen ermöglichen. In diesem technologischen Paradies, in dem jeder »nachhaltig« leben kann, wäre dem Wohl aller gedient.

In einer solchen Gesellschaft der Technologie und Kontrolle wird unser Leben von unsichtbaren Eliten bestimmt. Aldous Huxley (*Brave New World*), George Orwell (*1984*), Jewgeni Zamjatin (*Wir*) und viele andere haben darüber schaurige Romane geschrieben. Es ist auch das Thema vieler Filme. Was wir brauchen, sind kreative Gedanken, um gemeinsam eine freie Gesellschaft aufzubauen. Dann werden wir in der Lage sein, grundsätzliche Fragen zu diskutieren, die in der heutigen Gesellschaft nicht mehr in Parlamenten oder bei Wahlen debattiert werden. Solche Dinge wie Europafragen, die Einführung von 5G, technologische Innovationen oder Corona-Maßnahmen werden von den Eliten entschieden, zum Beispiel bei den Treffen des WELTWIRTSCHAFTSFORUMS in Davos.

Statt einer Gesellschaft, die von den Finanz- und Wirtschaftseliten mit Hilfe ihrer politischen Handlanger regiert wird, können wir uns eine Gesellschaft vorstellen, die auf einem höheren Niveau die demokratischen Traditionen der nordeuropäischen Dorfgemeinschaften früherer Zeiten verwirklicht. Dies muss eine politische Ordnung sein, in der jeder Mensch eine gleichberechtigte Stimme hat. Es braucht keine politischen Parteien mehr, die die Bevölkerung nach dem römischen Prinzip »Teile und herrsche« spalten und in vielen Fällen durch wirtschaftliche Interessen korrumpiert sind.

Diese politische Ordnung erfordert eine Basisdemokratie, in der Entscheidungen an der Basis der Gesellschaft getroffen werden. Dies kann durch verschiedene Formen der direkten Demokratie erreicht werden, z. B. durch ein Referendum. Eine neue Form, die dazu passt, ist das Bürgerforum, das bereits in vielen Städten und

Ländern eine beratende Funktion hat. In diesen kommen Bürgerinnen und Bürger, die einen repräsentativen Querschnitt der Bevölkerung bilden, für einige Tage zusammen, um sich unter Beratung von Experten eine Meinung zu einem politischen Problem zu bilden, ausgehend von der Frage, was für alle gerecht ist.[42] Auf diese Weise wird ein politisches Bewusstsein geschaffen.

Um Entscheidungen bürgernah zu halten, muss das Prinzip der Subsidiarität konsequent eingehalten werden. Das bedeutet, dass Entscheidungen auf der untersten Ebene getroffen werden müssen und nur dann an eine höhere Ebene delegiert werden dürfen, wenn dies auf der unteren Ebene nicht möglich ist. Dies ermöglicht eine dezentralisierte Regierung statt dem jetzigen Trend zu einem Superstaat, nicht nur auf europäischer Ebene, sondern auch auf Weltebene. Dieser Trend muss umgedreht werden. Die Schweiz kann in dieser Hinsicht als Beispiel dienen. Der Wahn eines Superstaates entspringt dem Glauben an die Macht der staatlichen Bürokratie, die Gesellschaft von einem zentralen Punkt aus zu ordnen. Das ist die französische Idee der sozialtechnischen Gesellschaft, die auch im Sozialismus blühte.

Diese Idee liegt allem technokratischen Denken zugrunde, das immer Pläne macht, Politiken erstellt und diese umsetzt. Das ihr entsprechende rationale Denken hat dazu geführt, dass sich die Regierung in alles einmischt, auch in Angelegenheiten, die man besser den Vertretern der Kultur und der Wirtschaft überlassen sollte. Die Regierung kontrolliert die Bildung, bis hin zu deren Inhalt, und auf immer höheren Ebenen setzen Experten die Standards, die die Bildung in Europa und anderen Teilen der Welt erfüllen muss. Diese Kontrolle erstreckt sich auf alle Bereiche der Gesellschaft, und die Regierung maßt sich damit

42 https://de.wikipedia.org/wiki/B%C3%BCrgerversammlung

Kompetenzen an, die ausschließlich in diesen Bereichen selbst liegen sollten.

So lässt sich ein erster Kerngedanke formulieren, der das politische Leben betrifft: In der Politik geht es um die Gestaltung des gesellschaftlichen Lebens, in dem alle Menschen als mündige Bürgerinnen und Bürger eine gleichberechtigte Stimme haben. Dies erfordert einen kleinräumigen Ansatz und Dezentralisierung sowie eine Kultur, die Menschen zu verantwortungsbewussten Bürgern macht statt zu unabhängigen Rädchen in einem großen technokratischen Apparat. Wir selbst müssen die politischen und rechtlichen Rahmenbedingungen gestalten, in denen wir miteinander leben wollen und die uns in unserer technokratischen Gesellschaft von oben auferlegt werden.

In den letzten Jahrzehnten haben wir in der Karikatur einer lebendigen Kultur gelebt. In einer lebendigen Kultur entwickeln wir unser Bewusstsein und unser geistiges Leben, unsere Begabungen und Talente. Wir werden dadurch zu Menschen im wahrsten Sinne des Wortes. Wir können dies Selbstverwirklichung nennen. Dieser Bildungsprozess setzt sich in der Ausbildung fort und führt zu den Fähigkeiten, die uns zu denkenden, kritischen Menschen und mündigen Bürgern machen und die uns befähigen, uns für das einzusetzen, was andere Menschen brauchen. Eine Kultur, die nur Unterhaltung bietet, schafft Menschen ohne Vorstellungskraft, die nicht mehr denken können.

Die Kultur soll uns befähigen, die Wahrheit durch Denken zu entdecken. Im Zeitalter von fake news und »alternativen Fakten« verlieren viele Menschen den Glauben, dass die Wahrheit über etwas noch existiert oder uns zugänglich ist. Die Wahrheit wird so zur Meinung. Das macht uns anfällig für Manipulationen, wir denken nicht mehr darüber nach, was wir hören, und wir können leicht Opfer von Propaganda werden. Die offiziellen Nachrichten über die Corona-Epidemie werden von vielen, vor allem von denen, die Angst haben, nicht mehr als Halbwahrheit oder Lüge entlarvt.

Die Kultur ist nicht mehr autonom. Die Wirtschaft hat die Kultur durchdrungen. Kultur muss Geld generieren, sonst wird sie zurückgefahren. Kultur wird gesponsert, um den Bekanntheitsgrad von Unternehmen zu erhöhen. Bildung muss den Anforderungen der Wirtschaft entsprechen, so dass ihre prägende Rolle verschwindet. Wissen und Geschichtsbewusstsein nehmen ab, sogar Lesefähigkeit, Rechnen und korrektes Schreiben. Mit der Zunahme von Internet-Kursen an Schulen und Universitäten kann der Lehrer oder Dozent nicht mehr eine inspirierende und motivierende Aufgabe erfüllen. Wissenschaftliche Forschung unterwirft sich zunehmend den Interessen der Auftraggeber, die das Geld bereitstellen. Der Reset des Weltwirtschaftsforums wird zu einer noch stärkeren Verknüpfung von Wissenschaft & Technologie und internationaler Wirtschaft führen. Forschung, die aus dem rein materialistischen Rahmen fällt, in dem alles auf materielle Ursachen reduziert wird, wird nicht mehr finanziert werden können.

Technologen wollen uns intelligenter machen, indem sie unser Gehirn mit einem Computer verbinden wollen. Ein Computer hat jedoch eine sehr begrenzte Form von Intelligenz. Das ist ein streng logisches Denken, das nur in der Computersprache zwischen Ja und Nein, 0 und 1 unterscheidet, und das Strom braucht. Ein Computer kann nur das ausführen, wozu er programmiert wurde. Die menschliche Intelligenz ist unendlich viel umfassender. Sie beinhaltet Intuition, Inspiration und Vorstellungskraft, sie kann sich zu Weisheit entwickeln und kann durch unseren moralischen Sinn und unsere Kreativität geleitet werden. Die lebendige

Intelligenz, die nach dem amerikanischen Psychologen Howard Gardner acht Dimensionen hat, wird durch unseren Umgang mit dem Computer auf ein abstraktes, schematisches, totes, nicht-moralisches, nicht-kreatives Denken reduziert. Die Verschmelzung unseres Gehirns mit einem Computer ist das Gegenteil von dem, was in vielen Kulturen als kulturelles Ideal angestrebt wird, nämlich die Verbindung des Kopfes mit dem Herzen, das der Sitz der Weisheit ist.

Wir können nun einen zweiten Kerngedanken für die Entwicklung der Kultur formulieren: Die Menschen müssen sich frei entwickeln können. Dazu muss Geld zur Verfügung stehen, das als Dotierung aus der Wirtschaft kommt. In einem freien kulturellen Leben wird das Kapital der Zukunft gebildet, das als menschliche Talente und Fähigkeiten der Gesellschaft zum Fortschritt verhilft. Jede Form der Beeinflussung und Programmierung untergräbt die Menschenwürde.

Die Wirtschaft, die sich nach dem Mittelalter entwickelte, basiert auf Wettbewerb. Dies wurde im 19. Jahrhundert mit dem Verweis auf die Theorien von Charles Darwin begründet. Er behauptete, dass es in der Natur einen Kampf ums Dasein gibt, der zum Überleben des Stärkeren führt. Dies ist eine einseitige Perspektive. Andere Biologen, wie der Russe Pjotr Kropotkin, sahen in der Natur eine gegenseitige Kooperation, die auch im menschlichen Zusammenleben gegeben ist. Die Existenz von Aggressionen kann nicht geleugnet werden, aber der Sinn der Kultur ist, dass wir lernen, damit umzugehen. Moderne Unternehmer müssen oft noch lernen, miteinander, aber auch mit ihren Mitarbeitern, Verbrauchern, Lieferanten und der Gesellschaft zu kooperieren, um die gemeinsamen Interessen zu erkennen.

Die Welt der internationalen Konzerne ist eine Welt des Kampfes, die dazu führt, dass überall Konkurrenten und kleine Produzenten ausgeschaltet, Monopole aufgebaut werden und die Gesellschaft mit den externen Kosten, wie z.B. der Schädigung von Umwelt und Erde, belastet wird. Die reiche Elite will Dividenden und höhere Preise für ihre Aktien erhalten. Die meisten Kriege werden um den Zugang zu Ressourcen geführt, wie z.B. das Öl im Nahen Osten. Das ist ein System, das nicht nachhaltig ist, sondern von der Gier nach Geld angeheizt wird.

In den antiken Gesellschaften stand die Wirtschaft im Dienst der Kultur. Die Überschüsse der Ernte wurden nicht nur mit anderen getauscht, sondern auch für den Lebensunterhalt der Priester, Ärzte und Sänger verwendet. In manchen Stämmen organisierte ein Bauer, der Überschüsse hatte, ein Fest für die ganze Gemeinschaft, um diesen Überschuss gemeinsam zu verzehren. In den großen Reichen der Antike, vor allem im Nahen Osten, wurden nach jedem Krieg, jeder Hungersnot und jedem Thronwechsel die Schulden erlassen. Menschen, die zu Sklaven geworden waren, wurden wieder frei. Auf diese Weise wurde verhindert, dass ein Heerführer oder ein hoher Beamter, von dem man Kredite aufgenommen hatte, mächtiger wurde als der König. In unserer Zeit haben wir es versäumt, die Schulden der Armen zu streichen, und so sind die Reichen immer reicher geworden.

In diesem Prozess entstanden Märkte für Arbeit, Eigentum und Kapital, die die Gesellschaft zerrissen. Bauern wurden zu Lohnarbeitern, die ihre Arbeitskraft (statt der Produkte ihrer Arbeit) verkaufen mussten, Gemeindeland wurde von den Mächtigen angeeignet, und Geld ermöglichte es Bankern, Geld zu schöpfen, was überhaupt nicht die ursprüngliche Funktion des Geldes ist. Könige und lokale Herren brachten im Mittelalter Geld in Umlauf, das gedeckt war, weil es einen Wert in Silber oder Gold hatte oder weil der lokale Herr genug Getreide hatte, um es mit seinen lokalen Zinnmünzen zu kaufen.

In unserem derzeitigen Geldsystem haben die Banken das Recht, Geld zu schöpfen. Zur Kreditschöpfung benötigen sie nur einen kleinen Teil ihres eigenen Kapitals. Die Geldmenge wird also kontinuierlich erhöht und das Geld wird immer wieder neu investiert, um neue Gewinne zu produzieren. Auf diese Weise hat das Geld ein ewiges Leben, während es auch »sterben« müsste, um die Gesellschaft gesund zu erhalten. Dieses Absterben des Geldes kann dadurch erfolgen, dass man es nicht mehr investiert oder verleiht, sondern der Kultur schenkt, damit einzelne Menschen ihre Talente entfalten können. In der Anwendung ihrer so erworbenen Qualitäten wird neues Kapital geschaffen. Für eine gesunde Gesellschaft ist es notwendig, dass die Banken das Recht der Geldschöpfung verlieren, damit Geld in der Gesellschaft uneigennützig, zum Wohle der Allgemeinheit, geschaffen werden kann.

Für die Nutzung von Grundstücken durch Unternehmer könnte eine Abgabe gezahlt werden, die der gesamten Gemeinschaft, die in einem bestimmten Gebiet oder Land lebt, zur Verfügung steht. Rutger Bregman sprach 2018 von einer Bürgerdividende, die allen gleichermaßen zugutekommen würde. Finanziert werden könnte dies aus der Nutzung der Commons, der gemeinsamen natürlichen Grundlage unserer Existenz, die nicht in Privatbesitz sein kann. Diese Landrente sollte nicht von der Regierung verteilt werden und kann den Einwohnern auf verschiedene Weise zur Verfügung gestellt werden. So kann Kultur finanziert werden und jeder kann gleichberechtigt Zugang dazu haben.

Dies ist nicht die Welt, die sich die Eliten vorstellen. Sie wollen die Kontrolle über die gesamte Erde, alle Ressourcen und jedermanns Arbeit. In unserer Gesellschaft arbeiten wir in erster Linie, um ein Einkommen zu erzielen, und nicht, weil andere die Produkte unserer Arbeit brauchen. Wir können diese Perspektive auch umkehren und ein Wirtschaftsleben aufbauen, in dem wir in erster Linie für andere arbeiten und ein Bewusstsein für die Menschen entwickeln, die in der Produktionskette für unsere Bedürfnisse arbeiten. Dies wäre ein Wirtschaftsleben, das auf der realen Nachfrage nach Produkten basiert und nicht auf Produkten, für die durch Marketing und Werbung eine künstliche Nachfrage geschaffen wird. Diese neue Wirtschaft würde auf der Zusammenarbeit zwischen Verbrauchern, Produzenten und den Zwischenhändlern beruhen und auf einem fairen Preis, der alle Kosten, auch die der Schädigung der Natur, beinhaltet.

Diese Überlegungen führen zur Formulierung einer dritten Schlüsselidee für eine gesunde Wirtschaft: *Durch gemeinsame und solidarische Arbeit teilen wir die Früchte der Erde und machen unsere gegenseitige Abhängigkeit sichtbar.*

Diese drei Kernideen können wir nun den Zielen des Großen Reset gegenüberstellen:

- Freiheit in der Kultur versus Kontrolle über unser Denken
- Gleichberechtigung in der Politik versus technokratische Entscheidungen von Sonderbefugten
- Solidarität in der Wirtschaft versus Ausbeutung durch die Reichen

Können wir diese drei Kernideen realistisch in die Praxis umsetzen? Das ist nicht möglich in einer Gesellschaft, in der wir einander keinen Raum geben, Raum, um uns in der Kultur zu entwickeln, Raum, um eine Stimme im politischen Leben zu haben, Raum, um in der Wirtschaft das zu erhalten, was wir zum Überleben brauchen. In unserer modernen Gesellschaft ist dieser Raum für den anderen immer kleiner geworden und der Raum, den wir individuell für uns in Anspruch nehmen, immer größer. Es ist möglich in einer Gesellschaft, in der wir erkennen, dass wir voneinander abhängig sind. Dann können wir anstelle unseres extremen Individualismus ein soziales Bewusstsein entwickeln, in dem Platz für alle ist.

Solche Visionen wurden von Menschen entwickelt, die verstanden haben, dass jede Generation ihre Existenz den vorangegangenen Generationen und den von der Gesellschaft aufgebauten Grundlagen verdankt. Dass niemand über andere herrschen sollte ohne ein Mandat, dies nur für eine bestimmte Zeit zu tun. Und dass wir ohne einander nicht auskommen. Wir brauchen neue Ideen für die Zukunft unserer Gesellschaft. Nur wenige wissen, dass Rudolf Steiner, der Begründer der Anthroposophie, 1917 eine Vision für eine Gesellschaft entwickelt hat, in der sich das kulturelle Leben nach dem Prinzip der Freiheit, das politische Leben nach dem Prinzip der Gleichheit und das wirtschaftliche Leben nach dem Prinzip der Brüderlichkeit organisiert. Kultur, Politik und Wirtschaft sind die Komponenten einer »dreigliedrigen« Gesellschaft.[43] Diese Vision war als Friedensprogramm gedacht und sollte verhindern, dass Deutschland und die Länder in seinem Osten Teil der angloamerikanischen Welthegemonie wurden.

Europa ist Teil der amerikanischen Welthegemonie geworden. Der Große Reset wird uns noch weiter unter die Kontrolle der globalen Eliten bringen. Um uns davon zu befreien, ist eine andere Art von Reset erforderlich. Wie wollen wir das machen?

[43] Harrie Salman, *Die soziale Welt als Mysterienstätte*, Edition Widar, Hamburg 2020

Kapitel 7

Was wir tun können

Die Lockdowns haben unsere Gesellschaft völlig aus dem Gleichgewicht gebracht, noch mehr, als sie es ohnehin schon war. Das gilt für viele auch im Privatleben. Der geplante Große Reset könnte dies noch verschlimmern. Daher ist Aktivität von uns gefordert. Wir können gemeinsam recherchieren, um mehr Informationen zu finden, um zu entdecken, wie unsere Welt wirklich geführt wird und welche Interessen hinter den Kulissen stecken. Wir können Fragen stellen, miteinander diskutieren, was gut für uns ist, bewusste Entscheidungen treffen. Mit der Corona-Epidemie leben wir in einer neuen Realität, in der die Lüge regiert. Regierungen neigen immer dazu, das, was sie tun, falsch darzustellen, um ihre Politik zu rechtfertigen. Konzerne legen nicht offen, was sie tun und was die Qualität ihrer Produkte betrifft.

Das zwingt uns dazu, die Realität umfassender wahrzunehmen und unsere Erkenntnisse mit anderen zu teilen, aber auch mit anderen zu handeln. Dies gilt auch für die Art und Weise, wie wir unser Geld ausgeben, denn so lenken wir die Richtung der Produktion in der Wirtschaft.

Wir wollen eine gute Gesundheitsversorgung, eine gute Bildung, den Schutz unserer demokratischen und sozialen Grundrechte, eine nachhaltige Wirtschaft und Technologien, die unser Leben unterstützen, anstatt uns süchtig zu machen. Dies ist eine Auswahl aus den nachhaltigen Entwicklungszielen der Vereinten Nationen. Als Bürger werden wir dafür sorgen müssen, dass diese Ziele in unserem Sinne erreicht werden. In jedem Bereich gibt es große Aufgaben zu erledigen, um den Großen Reset in eine Richtung zu lenken, die dem Bewusstsein unabhängiger Menschen entspricht, die weder Sklaven der Wirtschaft noch unzufriedene Bürger oder selbstgefällige Genießer der Unterhaltung sein wollen.

In jedem dieser Bereiche ist die richtige Balance verloren gegangen. Wissenschaft, Politik und Wirtschaft werden von Kontrolle, Gewalt und Krieg beherrscht. Dies sind »männliche« Eigenschaften, die extrem geworden sind, weil sie nicht durch »weibliche« Eigenschaften vermenschlicht werden. Wirtschaftliche Interessen dominieren Kultur und Politik. Zwischen Wirtschaft und Kultur ist die harmonisierende Mitte eines politischen Lebens notwendig, das unsere Gesellschaft von den Interessen der Bürger her ordnet. Die Ungleichheit zwischen Arm und Reich nimmt zu, auch im globalen Maßstab. Im individuellen Leben ist die Balance zwischen Kopf und Herz, Intelligenz und Emotion, Arbeit und Freizeit, Sitzen und Bewegen, Sprechen und Singen, Materiellem und Spirituellem, Geld und Wohlbefinden aus den Augen verloren worden. Das Ergebnis ist, dass so viele Menschen gesundheitliche Probleme haben. Dies ist kein rein individuelles, sondern auch ein gesellschaftliches Problem. Unsere Gesellschaft ist krank und braucht Heilung. Der Große Reset wird keine Heilung bringen, sondern noch mehr Kontrolle über die Menschen.

Um individuelle und gesellschaftliche Krankheiten zu heilen, braucht es heilende, spirituelle Impulse. Die Quellen der Heilung liegen im höheren Bewusstsein des einzelnen Menschen. Vor einem Jahrhundert brachte Rudolf Steiner mit seiner Anthroposophie Impulse zur Heilung für den Einzelnen und für alle Bereiche der Gesellschaft, die heute besonders relevant sind.

In allen Ländern der Welt haben Menschen neue Ideen und Visionen entwickelt. Überall können wir Quellen der Inspiration finden, um die Gesundheit der Menschen, der Gesellschaft und der Erde wiederherzustellen. Arbeiten wir mit den gesunden, aufbauenden Kräften von Körper, Seele und Geist und mit den Kräften der Natur! Dann können wir auch die kleine Gesellschaft um uns herum mit mehr sozialem Bewusstsein neu gestalten. Jeder kann im kleinen Rahmen, in seiner eigenen Umgebung, einen Freiraum für Forschung und Urteilsbildung schaffen, gleichberechtigt mit anderen Regeln bestimmen und Entscheidungen treffen und in Solidarität mit anderen ein neues Wirtschaftsleben praktizieren.

Ein soziales Bewusstsein entwickeln

Der fruchtbare Umgang miteinander ist eine soziale Kunst. Die Konflikte mit anderen zeigen, dass wir noch viel zu lernen haben. Dies geschieht in unseren Beziehungen, unseren Gruppen, Gemeinschaften und Organisationen. Was wir hier lernen, kann uns helfen, die Dynamik der größeren Gesellschaft zu verstehen. Befähigte Menschen lassen sich nicht manipulieren und erlauben nicht, dass ohne ihre Zustimmung Macht über sie ausgeübt wird. Dies erfordert Vereinbarungen. Wenn Menschen miteinander reden, müssen sie Raum für den anderen schaffen. In jedem gesellschaftlichen Zusammenhalt muss es einen machtfreien Raum geben, in dem Regeln gemacht werden können. In der Gesellschaft ist dies die Sphäre der Politik, in der Rechte und Pflichten vereinbart werden und die Gesellschaft organisiert werden kann. Wir lernen, verantwortungsvolle Bürger zu sein, indem wir für uns selbst einstehen, aber auch die Interessen anderer anerkennen.

An unserer Gesundheit arbeiten

Wir brauchen Medikamente, die keine Nebenwirkungen haben und chronische Krankheiten heilen. Die Produkte der Pharmaindustrie machen Krankheiten beherrschbar, heilen sie aber nicht. An chronischen Krankheiten verdienen sie kontinuierlich Geld. Für die moderne Medizin ist der Mensch eine biochemische Maschine, die mit Chemikalien, Implantaten, Stammzellen und neuen Organen repariert werden kann. Iatrogene Schäden (verursacht durch medizinische Eingriffe) sind eine der Hauptursachen für den Tod. Antibiotika werden viel zu leicht verschrieben, so dass Krankenhausinfektionen in vielen Ländern zu einer Katastrophe geworden sind. Schmerzmittel wie Oxycodon und Fentanyl sind jedes Jahr für Zehntausende von Todesfällen in den Vereinigten Staaten verantwortlich. Die Pharmaindustrie drängt, zusammen mit EU-Technokraten, anthroposophische und homöopathische Arzneimittel vom Markt und behauptet, sie hätten keine wissenschaftliche Grundlage. Sie haben jedoch keine Nebenwirkungen und werden seit über einem Jahrhundert erfolgreich eingesetzt. Die Natur hat ihre eigene Apotheke. Wir können uns mit Kräutern und anderen heilenden Substanzen aus der Natur vertraut machen und sie anwenden. Wer gesund lebt und sich gesund ernährt, kann sich auf die Weisheit des Körpers verlassen.

Ein Bewusstsein für die lebendige Natur entwickeln

In alten Gesellschaften waren die Menschen sehr stark mit der Natur verbunden. Die lebendige Natur war für sie eine nährende Mutter, die väterlichen Kräfte wurden oft im Kosmos erlebt. Durch die Entwicklung des individuellen Bewusstseins stehen wir nun außerhalb der Natur, die wir nicht mehr als lebendigen Organismus erleben, sondern als Rohstoffquelle und Müllhalde. Die moderne Wissenschaft »verbessert« sogar die Natur durch genetische Manipulation. Wir können die Natur aber auch aus einem höheren Bewusstsein des Einsseins heraus als heilig erleben. Das ist ökologisches Bewusstsein.

Impfungen vermeiden

Die reguläre Gesundheitsversorgung hat großes Vertrauen in Impfstoffe, weiß aber nicht, wie man das Immunsystem auf gesunde Weise beeinflussen kann.[44] Nebenwirkungen von Impfstoffen werden aus den Nachrichten herausgehalten und Impfgegner werden lächerlich gemacht. Es sind viele kritische Bücher zum Thema Impfen erschienen. Ein bekannter englischer Arzt, der über die Gefahren des Impfens schreibt, ist Vernon Coleman.[45] In den Vereinigten Staaten verklagen Robert Kennedy Jr. und seine Organisation Children's Health Defense die Pharmaindustrie, die gegen Klagen immun ist.[46] Er spricht von dem Totalitarismus, der aus dem Staatsstreich resultiert, den die großen Pharmakonzerne und die Big Tech-Firmen verübt haben. Dies sind die Profiteure der Lockdowns. Mit den Corona-Impfstoffen kommt eine neue Generation von Impfstoffen zum Einsatz, deren Langzeitwirkungen wir nicht kennen.

44 Thomas Cowan, *Impfungen und Autoimmunerkrankungen*, Kandern 2021

45 Vernon Coleman, *Anyone who tells you vaccines are safe and effective is lying*, Selbstverlag 2019

46 https://childrenshealthdefense.org

Unsere Immunität stärken

Statt Propaganda für die Impfung sollten uns Informationen gegeben werden, wie wir unsere Immunität stärken können. Unsere Immunität hat physische, individuelle und soziale Aspekte und eine Beziehung zur lebendigen Natur. Auf körperlicher Ebene können wir ein gesundes Leben führen, uns vollwertig ernähren und Vitamine einnehmen. Auf energetischer Ebene liefert die Natur zusätzliche Lebenskräfte, wenn wir draußen spazieren gehen, die Natur und das Sonnenlicht (das Vitamin D liefert) genießen. Der deutsche Arzt Thomas Hardtmuth stellt fest: »Ein täglicher Waldspaziergang von einer Stunde erhöht die Funktion unseres Immunsystems um 50%. Ob wir krank werden, hängt in erster Linie von unserem Organismus ab und nicht von dem Virus.«[47] Als Individuen können wir Stress kontrollieren und lernen, damit umzugehen, zu singen und zu musizieren, genug Schlaf zu bekommen, unsere Ängste zu überwinden, uns vor negativen Kräften und Strahlung zu schützen, in Harmonie mit uns selbst zu leben und uns für das zu begeistern, was wir wichtig finden. In unserem sozialen Leben geben wir uns gegenseitig Lebenskräfte, indem wir uns begegnen, uns umarmen, miteinander singen und konstruktiv und unterstützend miteinander umgehen. Es ist ein trauriger Zustand, dass alles, was die Regierung in ihrer Strategie der Angst von uns verlangt, einen negativen Einfluss auf unsere Immunität hat. Diese Tatsache ist bekannt aus der Psychoneuroimmunologie.[48]

47 In: Michaela Glöckler (Hg.), *Corona und das Rätsel der Immunität*, Stuttgart 2020, S. 55

48 Christian Schubert: *Was uns krank macht – was uns heilt: Aufbruch in eine neue Medizin*, Munderfing, 2016

Für gesunde Ernährung sorgen

Ein Großteil unserer modernen Nahrung ist Fabrikkost mit zugesetzten Chemikalien und zu viel gesättigtem Fett, Salz und Zucker. Als Folge der chemischen Landwirtschaft enthält unsere Nahrung wenig Mineralien, wenig Vitalität, Rückstände von Agrargiften, Pestiziden, giftige Metalle und bei tierischen Lebensmitteln Hormone, Antibiotika und Mikroplastik. Die Agro-Industrie verändert die Gene von Nahrungspflanzen und lässt sich diese patentieren. Gentechnisch manipulierte Lebensmittel haben im Vergleich zu natürlichen und organisch angebauten Lebensmitteln keinen Nährwert. Fleisch wird in der Zukunft durch Fleisch aus Laboratorien ersetzt werden. Der Fleischkonsum geht auf alte Jäger- und Sammlerkulturen zurück. Viele Jugendliche haben eine Abneigung gegen Fleisch, manche erleben die Angst der Tiere beim Schlachten. Die Fleischproduktion benötigt viel mehr Land und Wasser als der Anbau von Nahrungsmitteln und verschwendet Ressourcen.

Elektromagnetische Strahlung reduzieren

Es gibt natürliche Elektrizität und Magnetismus, aber auch technologisch erzeugte elektromagnetische Strahlung, die für den Menschen sehr schädlich sein kann. Als die Elektrizität die amerikanischen Indianerreservate erreichte, stellten die Indianer fest, dass ihre Verbindung mit der lebendigen Natur verloren ging. Elektromagnetische Felder schoben sich dazwischen. Im 20. Jahrhundert entdeckten Forscher den Zusammenhang zwischen dem Aufkommen neuer Verwendungsmöglichkeiten von Elektrizität und dem Auftreten neuer Krankheiten. Der amerikanische Forscher Arthur Firstenberg hat dies in bahnbrechender Weise dokumentiert.[49] Die Anfälligkeit für die Corona-Krankheit mag mit der neuerlichen Installation der 5G-Technologie verbunden sein, nicht nur in Wuhan, sondern weltweit. Elektrosmog nimmt viele Formen an: Strahlung von Elektrogeräten, Mobiltelefonen, Antennen, intelligenten Zählern, 5G (mit den Tausenden von Satelliten, die dafür benötigt werden). Die »sicheren« Grenzwerte wurden von den Unternehmen selbst festgelegt. Die Gefahren sind den Telekommunikationsunternehmen und Regierungen bekannt, wie der kanadische Ex-Spezialist für elektronische Kriegsführung Jerry Flynn beschreibt.[50] Unabhängige Forschungen zu den Auswirkungen von Elektrosmog wurden fast nie berücksichtigt, obwohl die Zahl der elektrosensiblen Menschen stetig steigt. In einigen Ländern ist die Einführung des 5G-Netzes gestoppt worden, aber wir hören in der Presse nichts davon. Dieses neue Netzwerk wurde von den Regierungen, ohne dass die Bürger ein Mitspracherecht hatten, als ein Innovationsprojekt gefeiert, das sie für die Kontrolle von Menschenmengen und andere technologische Innovationen benötigen. Es gibt inzwischen eine Vielzahl unabhängiger Untersuchungen über die Auswirkungen von elektromagnetischen Feldern, Mobiltelefonen, Wifi, Smart Metern und 5G auf die Gesundheit von Menschen, Tieren und der Natur. Es bedarf des aktiven Widerstands der Bürger, um sich vor diesen Auswirkungen zu schützen, die möglicherweise gravierender sind als die globale Erwärmung.[51]

49 Arthur Firstenberg, *The Invisible Rainbow – A History of Electricity and Life*, London 2020

50 Jerry G. Flynn, *Hidden Dangers,* Bowser (BC, Canada) 2019

51 Martin L. Pall, *5G als ernste globale Herausforderung*, Frankfurt a.M. 2019

Unsere Seele schützen

Unsere Seele braucht Schutz vor der Fülle der Sinnesreize, die in der Welt der Technik auf uns zukommen, und vor der einseitig materialistischen und wenig künstlerischen Erziehung unserer Zeit. Denken, Fühlen und Wollen sind Funktionen der Seele, die von unserem Ich ausgeübt werden. Die Freiheit des Denkens steht in unserer Gesellschaft unter Druck, denn freie Gedanken sind gefährlich für die Interessen der herrschenden Eliten. Im inneren Raum unserer Seele erleben wir uns selbst und die Außenwelt. Mit unserem Willen geben wir unserem Leben Gestalt. Die Entwicklung unserer Seelen ist jedoch in Gefahr. Rudolf Steiner sah 1917 voraus, dass ein Impfstoff hergestellt werden würde, um möglichst bald nach der Geburt den Körper so zu manipulieren, dass der Mensch später nicht mehr denkt, es gäbe eine Seele, einen Geist. Die materialistischen Ärzte werden den Geist vertreiben. Die Neigung zur Spiritualität wird in der frühesten Kindheit durch einen Impfstoff ausgetrieben, meinte er.[52]

Unseren Körper entgiften

Die Chemie vergiftet die Menschen in einem noch nie dagewesenen Ausmaß. Das hat nicht nur körperliche Folgen, sondern belastet auch unsere geistigen und seelischen Funktionen. Nach dem deutschen Ganzheitsmediziner Dietrich Klinghardt wird unser Geist durch die Verkalkung der Zirbeldrüse (Epiphyse), die sich im Zentrum des Gehirns befindet, ausgetrieben. Wissenschaftliche

[52] Rudolf Steiner, Vorträge vom 7. und 29. Oktober 1917 in: *Der Sturz der Geister der Finsternis* (GA 177)

Untersuchungen haben ergeben, dass Aluminium (in Impfstoffen und durch Geo-Engineering in der Atmosphäre verteilt), Glyphosat (in Lebensmitteln, aus dem Herbizid Roundup) und Fluor hauptsächlich für diese Verkalkung verantwortlich sind. Die Zirbeldrüse ist der empfindlichste Teil des zentralen Nervensystems und reagiert empfindlich auf diese Chemikalien. Die Strahlung von Wifi und 5G (insbesondere die 2,4-GHz-Wellenlänge) öffnet die Blut-Hirn-Schranke, so dass Giftstoffe diese Drüse erreichen können, die nach alten Überlieferungen höhere spirituelle Energien empfängt und der Sitz der Seele ist. Dadurch wird der menschliche Geist unwirksam gemacht.[53]

Süchte überwinden

Menschen mit Süchten haben in der Regel ein tiefer liegendes Problem, das ihr Verlangen nach Suchtmitteln verursacht. Einsamkeit, Nervosität, innere Leere, Stress, Enttäuschungen und Traumata schaffen ein inneres Loch, das gefüllt werden will. Das gilt auch für die Sucht nach Games und sozialen Medien, die darauf ausgelegt sind, unsere Aufmerksamkeit zu halten. Zigarettenhersteller fügen dem Tabak Substanzen zu, um Raucher süchtig zu machen. Das Gehirn verlangt immer wieder nach neuem Nikotin und so ist es auch mit anderen Suchtmitteln, auf die sich der Körper einstellt. Die Überwindung von Süchten ist ein Kampf, bei dem andere helfen können.

53 Dietrich Klinghardt, Video *Light vs Dark, Heavy Metals & Toxins* (2019), mit Empfehlungen für Schutz und Entgiftung: www.youtube.com/watch?v=zR6OiKNnp2M

Selbsterkenntnis entwickeln

Die Sorge um die Seele war einer der Beweggründe für die Entwicklung der Philosophie. Das menschliche Bewusstsein ist über die Jahrhunderte gewachsen, aber große Teile unseres Unterbewusstseins sind dem Bewusstsein immer noch nicht zugänglich. Das ist das Feld der Psychotherapie, die es ermöglicht, die dort wirkenden Kräfte bewusst zu machen. Wir tragen Schatten in unserer Seele, die von uns Besitz ergreifen können, wie Ängste und unbewusste Wünsche. Durch Propaganda und Werbetechniken können sie geweckt und manipuliert werden. Im Unterbewusstsein arbeiten Wesen, die in allen spirituellen Schulen der inneren Entwicklung bekannt sind. Sie müssen neutralisiert und transformiert werden. Diese Kräfte und Wesen wirken auch in Gruppen und in der Gesellschaft als Ganzes (z.B. als Nationalismus, Rassismus, kollektive Ängste). Neben dem Unbewussten umfasst unsere Seele auch das Überbewusste, sowohl auf individueller als auch auf kollektiver Ebene. Daraus erhalten wir unsere inneren Bilder, Inspirationen und Intuitionen.

Unsere spirituelle Entwicklung verfolgen

Durch unsere spirituelle Entwicklung werden wir uns unserer Ideale und der Kraft, die wir haben, um mit ihnen zu arbeiten, bewusst. Unser Geist braucht Herausforderungen, wo er in unserer Kultur abgestumpft ist, und eine Erziehung und Bildung, die unseren Geist anregen und wecken. Die materialistischen Visionen, die heute vorherrschen, leugnen den Geist und sogar die Realität der Seele. Wir brauchen unseren Geist, um die Gesellschaft zu verwandeln, damit wir in ihr mit Würde als freie Menschen leben können.

Nachwort

Die Wahl zwischen zwei Zeitgeistern

In seinem berühmten Roman *Die Brüder Karamasow* (1879–1880) hat der russische Schriftsteller Fjodor Dostojewski eine Erzählung über den Großinquisitor von Sevilla aufgenommen. Er beschreibt, wie Jesus Sevilla besucht, wo im 16. Jahrhundert mehrere tausend Menschen von der Inquisition verbrannt wurden. Jesus erweckt ein totes Kind wieder und wird von dem fast 90-jährigen Großinquisitor gefangen genommen, um am nächsten Tag auf dem Scheiterhaufen verbrannt zu werden. Der Inquisitor besucht Jesus in seiner Zelle und sagt ihm, dass Menschen, die satt sind, bereit sind, ihre Freiheit dafür aufzugeben. Sie geben auch ihr moralisches Urteilsvermögen auf und lassen sich leicht dominieren. Er wirft Jesus vor, dass er diejenigen frei machen wollte, die bereit sind, sich der Kirche und dem Staat um Brot zu unterwerfen. Jesus gibt keine Antwort, küsst den Inquisitor und geht aus seiner Zelle.

Die Führer der Weltordnung nehmen den Menschen die Freiheit und das moralische Urteilsvermögen und bieten ihnen »Brot und Spiele« (industriell hergestellte Lebensmittel und Internet-Unterhaltung), in einer totalitären Welt mit einer Gesundheitsdiktatur, Lebensmittelproduktion in den Händen von Bio-Tech-Multis, einer Unterhaltungskultur, digitaler Bildung nach den Wünschen der Wirtschaft und einer kommenden Kohlenstoff-Klimadiktatur. Die vierte industrielle Revolution soll dies ermöglichen. Darin wird sich der Mensch in eine Bio-Maschine verwandeln, eine Kombination aus Mensch und intelligentem Computer, wie sie sich prominente Transhumanisten wie Ray Kurzweil und Elon Musk vorstellen.

In ihrer Vision wird dieser Mensch der Zukunft kein Ich, keinen Geist und keine Seele mehr haben, keine eigenen Gedanken, Emotionen oder einen freien Willen. Er wird genetisch veränderbar und programmierbar sein und im Labor mit einem genetischen Design für bestimmte Aufgaben hergestellt werden können. Durch das »Internet der Dinge« wird er in ein weltumspannendes System eingebunden. Eine Gesellschaft, wie wir sie jetzt kennen, wird es nicht mehr geben, sie wird eine große Maschine sein, zu der auch die belebte Natur und das Klima gehören werden. In unserer Zeit wird die Gesellschaft bereits weitgehend von Technokraten als Sozio-Maschine geführt. Die Corona-Maßnahmen werden die Gesellschaft als Ganzes und als Geflecht von lebendigen, menschlichen Beziehungen zerstören. Der Great Reset wird diese Arbeit fortsetzen.

Die mittelalterliche Gesellschaft mit ihrem kirchlichen Machtapparat hatte Inquisitoren, um die Freiheit der Menschen zu unterdrücken. Die moderne Gesellschaft hat ihre Technokraten, die die Machtpyramide aufrechterhalten und das Denken der Menschen ausschalten. Der Große Reset zielt darauf ab, neue Mechanismen in Betrieb zu nehmen, die in der Corona-Gesundheitsdiktatur vorbereitet wurden. In ihr wirkt ein Geist der Lüge und der Angst, der früher von der Inquisition verbreitet wurde. Dieser Geist lähmt das Freiheitsgefühl der Menschen und produziert eine technologische und materialistische Kultur, in der der Transhumanismus die neue Ideologie ist. In der Medizin regt er die Symptombekämpfung mit chemischen Mitteln an, statt die aufbauenden und heilenden Kräfte von Körper, Seele und Geist des Menschen zu unterstützen. Außerdem regt er an, das Immunsystem mit Impfungen künstlich zu stimulieren, statt Krankheiten kontrolliert durchzustehen, um eine Immunität aufzubauen, in einem gesunden Leben im Einklang mit der Natur. Dieser Geist wirkt als illegitimer Zeitgeist, der die ganze Welt unter seinen Einfluss bringen will. Dieser Geist hatte in den alten Kulturen einen Namen. Die alten Iraner nannten ihn Ahriman, die Ägypter Seth, die Israeliten Satan, die Moslime Scheitan, die Germanen den Fenriswolf und die frühen Christen den »widerrechtlichen Fürsten dieser Welt«. In unserer Kultur operiert er in einer Form des Denkens, die das geistige Wesen und die Ideale der Menschen leugnet und nur die Gesetze der Materie anerkennt.

Nach verschiedenen spirituellen Traditionen ist seit dem Ende des 19. Jahrhunderts ein legitimer Zeitgeist in unserer Zeit am Werk, der die Menschen inspiriert, aus ihren moralischen Idealen heraus zu leben, mit Kopf und Herz spirituell zu denken und mutig für eine Welt der Liebe, Weisheit und Wahrheit zu kämpfen. In der jüdisch-christlichen Tradition ist dieser Zeitgeist der Erzengel Michael, der das Gesicht Christi ist. Dieses spirituelle Denken ist nicht intellektuell, abstrakt und unmoralisch wie das der Technokraten, sondern kreativ, warmherzig, moralisch, offen für spirituelle Inspirationen und auf das Wohl aller Menschen ausgerichtet. Wenn dieses Denken aufblüht, können wir uns von den technokratischen Plänen der Eliten befreien, die im Großen Reset vorbereitet werden. Dann wird eine geistige Kultur möglich, die die Würde des Menschen wiederherstellt. Die Entscheidung liegt bei jedem einzelnen von uns.

Personen- und Werkregister

Neuerscheinung 2021:

Thomas Brunner

Aktaions Unglück

Die Corona-Krise aus geisteswissenschaftlicher Sicht

Ausgehend von der antiken Sagengestalt des Jägers Aktaion, der die Göttin Artemis in einem Wäldchen beim Bade erblickt und deshalb von ihr in einen Hirsch verwandelt wird – vom Jäger zum Gejagten wird – und daraufhin angsterfüllt seinen Schicksalslauf beginnt... skizziert Thomas Brunner in seinen Aufsätzen die Corona-Krise als Kulmination des modernen Verstandesbewusstseins, das in seinen Kurzschlüssen gefangen keinen Zugang zu einem heilsamen Selbst- und Weltverhältnis findet.

Doch ein solches ist möglich, wenn die aufoktroyierten, alle Wahrnehmung verengenden Halbbegriffe vom die Menschheit gefährdenden »Killervirus« und den sich daran anschließenden »notwendigen Maßnahmen« überwunden werden – und ein schöpferisches Denken für die intimeren Zusammenhänge des sozialen und natürlichen Lebens erwacht.

INHALT: Vorwort / Einleitung / Aufsätze: 1. Zauberlehrlingspolitik – Gedanken zum wissenschaftlichen und politischen Dilettantismus während der Corona-Krise 2. Das Corona-Syndrom – Die Traumatisierung der Gesellschaft durch systemische Gewalt oder: Ein Weg zum Verständnis der Befürworter der Maßnahmen 3. Die Bundesregierung und die Experten 4. Die Gesellschaft im Labor – Warum der technokratische Dirigismus zum Scheitern verurteilt ist 5. Homunkulus und der schlafende Faust – Goethes Weisheit und die Corona-Krise / Anhang: Rede Cottbuser Summphonie, Offene Briefe, Unvollständige Chronologie der Corona-Krise, Kunstaktion Wilhelm von Humboldt-Partei, Bericht Corona-Kolloquium Heinz Mosmann

Berlin 2021 | Klappenbroschur, 144 Seiten
ISBN 978-3-942754-22-4 | 12,80 €

Jens Göken

Die Maschinenkultur, ihre Gegenbewegung und das Herankommen der Anthroposophie im 19. und 20. Jahrhundert

Eine Standort-Bestimmung

Die Maschinenkultur: Wir leben heute in einer Welt, die es so nicht gegeben hat, bevor sich im Zuge der Jahrhundertwenden 1800 – 1900 – 2000 eine ganz eigene Welt der Maschinen inmitten unserer Menschenwelt ausgebreitet hat, die neben allem Hilfreichen, das sie bietet, auch den Effekt hat, unser Menschsein radikal in Frage zu stellen.

Ihre Gegenbewegung: Drei umfassende soziale Bewegungen haben im 19. Jahrhundert die Frage nach dem Menschsein inmitten der Maschinenkultur auf je verschiedene Weise zu beantworten versucht. Das sind die *Linke Bewegung*, die *Lebensreform-Bewegung* und die *Theosophische Bewegung*. Im letzten Drittel des 20. Jahrhunderts traten sie erneut auf als *Neue Linke*, als *Alternativbewegung* und als *New Age-Bewegung*.

Das Herankommen der Anthroposophie: Was mit diesen drei sozialen Menschheits-Bewegungen in ihrer Auseinandersetzung mit der modernen Wirklichkeit der Maschinenkultur schließlich Stufe um Stufe in die Welt kommen wollte, ist eine vierte Bewegung, die alle vorangehenden mit umfasst: Die *Anthroposophische Bewegung*. Diese erschien zuerst um 1800 in Mitteleuropa als ideell geahnte *Vor-Anthroposophie* und wurde um 1900 ebendort von Rudolf Steiner auf den Weg gebracht, um unserem Menschsein auf allen Ebenen Orientierung und Sinn zu geben für die weitere Entwicklung ins 21. Jahrhundert hinein.

Berlin 2013 | Klappenbroschur, 143 Seiten
ISBN 978-3-942754-13-2 | € 15,00

Clara Steinkellner

Menschenbildung in einer globalisierten Welt

Perspektiven einer zivilgesellschaftlichen Selbstverwaltung unserer Bildungsräume

Mit einem Geleitwort von
Prof. Dr. Ulrich Klemm

Welche sozialen Räume sind für umfassende und lebensnahe Bildungsprozesse, die die ökonomische Zweckrationalität überwinden, förderlich? Soll Bildung im 21. Jahrhundert noch als Aufgabe des Nationalstaates angesehen werden, oder sind wir nicht vielmehr alle als Teil der Zivilgesellschaft aufgerufen, die Gestaltung eines inklusiven und öffentlichen Bildungswesens selbst in die Hand zu nehmen?

Diesen Fragen geht die Autorin anhand der kritischen Besprechung von traditionellen Selektionsmechanismen (Zensuren, Abschlüsse) und aktuellen Vereinheitlichungs-Bestrebungen (Bildungsstandards, PISA etc.) im Schulsystem nach. Außerdem werden mit Johann Heinrich Pestalozzi, Wilhelm von Humboldt, Rudolf Steiner, Ivan Illich, Gustavo Esteva u. a. Protagonisten eines freien Schulwesens vorgestellt. Durch eine eingehende Analyse der Aufgabe des Bildungswesens im Verhältnis zu Staat und Wirtschaft wird die Perspektive einer selbstverwalteten Bildungslandschaft herausgearbeitet, die der Zivilgesellschaft vielfältige Aufgabenfelder eröffnet und neue transnationale, solidarische Zusammenhänge ermöglicht. Angesichts der steigenden Staatsverschuldung und der wachsenden Arm-Reich-Schere wird auch die Notwendigkeit einer sozial verantwortlichen Bildungsfinanzierung jenseits der staatlichen Steuermittel diskutiert.

Überarbeitete Diplomarbeit, verfasst 2011 an der Universität Wien

Berlin 2012 | Klappenbroschur, 298 Seiten
ISBN 978-3-942754-20-0 | € 18,00